창조적 기도와 영의 성숙

창조적 기도와 영의 성숙

초판 1쇄 발행 2008년 11월 15일

지은이 원헌영
펴낸이 원헌영
펴낸곳 카리스호크마
주소 서울시 관악구 은천동 957-6 원영 B/D
출판등록 1977년 8월 11일 제15-324
전화 02) 888-4603~5
팩스 02) 885-3693

ISBN 978-89-960600-2-4-03230
값 12,000원

창조적 기도와 영의 성숙

원헌영

카리스호크마

창조적 기도의 세계를 열며
Let's Genesis!

인간은 미지의 세계를 동경한다. 그래서 자연 경관이 빼어난 곳이거나 이름난 명소를 보기 위해 관광버스를 타고 관광을 한다.

관광이란 말을 글자 그대로 풀이해 보면 '빛을 본다' 는 것이다. 그야말로 외관을 한 번 스쳐 가면서도 볼거리에 감탄하고 만족한다는 뜻이다. 사람들은 눈으로 한 번 스쳐 보았을 뿐인데도 그 속의 실체를 다 본 것처럼 생각한다. 이는 받은 선물의 포장만 보고 속 내용물을 다 아는 것처럼 생각하는 것과 같다. 진리를 잘못된 인식으로 인도하는 출발점도 이와 비슷하다.

하지만 관광버스에서 내려 외관을 파헤치고 그 속으로 들어가면 빛의 본질을 만나게 된다. 이때는 눈으로 본 관광이 아니라 온몸으로 그 실체를 맛보게 된다. 이것이 바로 본질을 이해하는 참 만남, 우리가 만나야 할 만남이다. 이때 우리는 눈, 귀, 코, 혀, 피부, 그리고 우리의 온몸으로 존재를 느끼고 즐기고 환호한다. 왜냐하면 참됨이 참됨을 만났기 때문이다. 생명과 생명의 만남이다.

기도의 세계가 이와 마찬가지다. 모든 사람이 동경하는 신비한 곳이요 인간들에게는 미지의 세계, 하늘의 원시림이다. 참으로 비밀한 세계이기에 사람들은 가능한 모든 방법을 동원하여 이 세계를 관광하기 열망한다.

그리스도인들 중에 '방언'이라는 관광버스로 신비와 황홀의 기도세계를 관광해 보기도 한다. 그러나 안타깝게도 한 번 스쳐 지나가 버리고 마는 관광에 그치는 경우가 대부분이다. 그러면서도 기도세계를 갔다 왔다고 그 실체를 다 아는 것처럼 자랑한다.

기도의 참 세계는 한 번 빛으로만 봤다는 것, 즉 외관으로 한 번 스쳐 지나갔다 온 것으로 알게 되는 세계가 아니다. 실체는 그 빛(실체)속으로 들어가야 비로소 알게 되는 것이다. 빛 속에서 빛의 본질을 찾아내고, 맛보고 온 영혼으로 느끼고 그 속에 깊이 잠겨야만 하는 것이다.

빛을 둘러보고 오는 것을 일반기도라고 한다면 빛 속의 실체를 찾아서 만나고 오는 것을 창조적 기도라고 한다. 전자가 수박 껍질만 눈으로 보고, 손으로 쓰다듬어 만져보고, 수박을 이해했다고 하는 것이라면 후자는 수박을 칼로 쪼개서 단단한 껍질로 싸여 있는 속살을 영혼의 감각으로 냄새 맡고, 달콤한 살을 먹음으로 느끼고 실제로 그 영양소를 취하는 것이다. 여기서 에너지가 공급되어 모든 창조 활동을 가능케 한다.

예를 들면 사진으로 꽃을 볼 때 꽃의 아름다움과 고운 빛깔은 감상할 수 있지만 향기와, 꿀과, 꽃가루는 체험하지 못한다.

하지만 실제로 꽃밭을 찾아가면, 꽃들의 향기가 진동하고 꿀도 샘솟고 있으며 생명창조를 위해 농익어가는 꽃가루도 만날 수 있다. 사진에 있는 꽃을 보는 것과 빛 속으로 들어가 온몸으로 체험하는 것은 이렇게 차이가 크다. 하나는 형체는 있으나 생명이 없고, 다른 하나는 모양도 생명도 살아 있어 재창조 역사가 실제로 현장에서 이루어진다.

바다에 가서 파도를 보면 유리같이 고요할 때가 있고, 잔잔한 파도가 물결칠 때가 있으며, 태풍으로 집채만 한 파도가 몰아칠 때가 있다. 그러나 바닷 속 깊은 곳은 그런 움직임과는 아무런 상관이 없다. 바다의 표면과 심연은 전혀 별개의 세계이다.

바닷물의 흐름도 두 종류가 있다. 하나는 세상 바람에 따라 흐르는 표면 흐름이 있고, 다른 하나는 세상 바람과는 아무 상관없이 해저 깊은 곳에서 저력 있게 흐르는 해저 흐름이다. 표면 흐름은 바람 따라 동서남북으로 순간순간 바뀌고 뒤집히는 방향 잃은 물결이다.

그러나 해저 흐름은 살아 있는 자아의식으로 묵묵히 자기 길을 가는 의지의 흐름이다. 일반기도가 바다표면의 흐름이라 할 때, 창조적 기도는 한 곳을 향하여 나가는 해저흐름이다.

창조적 기도는 생명력의 기도이다. 창조적 기도가 있는 곳에는 창조 역사가 중단 없이 계속되고 재창조의 역동적 생명력은 하늘에서 땅으로 넘치게 흐른다. 창조적 기도는 하나님의 영으로 인간이 하는 기도이다. 그분이 내 속에서 나로 하여금 기도하게 하시는 것이다. 결국은 하나님의 영이 기도하는 것이다. 하나님의 영광이 나타나는 기도가 창조적 기도이다.

바닷가를 가보면 한쪽 자락은 육지의 바지 끝단이요 다른 한쪽은 바다 치마의 끝자락이다. 육지와 바다의 실체가 맞부딪친 그곳에는 수많은 죽음이 묻혀 있고 지금도 뒹굴고 있다. 나무토막, 플라스틱 잔재, 조개 껍질, 굴 껍질, 소라껍질, 갖가지 죽은 고기,

해초류들이 널려 있다. 이것은 육지와 바다의 시체들이다. 곧 그들의 공동묘지라고 할 수 있다.

그러나 공동묘지 백사장과 바다 끝자락의 경계선을 넘어 바닷속으로 조금만 들어가도 살아 있는 조개, 해삼, 미역, 그리고 갖가지 종류의 물고기들이 살고 있음을 볼 수 있다. 그곳은 생명이 살아 숨 쉬는 곳이요, 생명이 번성하고 창일하는 곳이다.

육지 끝과 바다 끝이 맞닿는 곳, 육지와 바다의 시체들이 있는 곳을 일반적 기도의 자리라 한다면, 바닷 속 생명들이 살아 있는 그곳을 '창조적 기도의 자리' 라 이름한다.

창조적 기도는 바로 살아 있는 바닷 속이다. 그 속에는 깊이에 따라 살아 있는 생물체가 자동으로 분류된다. 얕은 곳에는 아주 작은 플랑크톤, 새우, 멸치, 바지락, 조개들이 살고, 조금 더 깊은 곳에는 오징어, 조기, 갈치, 홍어들이 헤엄치고 있으며 더 깊은 바다는 상어, 고래 같은 큰 고기들이 유유하게 살아간다.

모든 생물은 탄생과 더불어 유아기를 지나 미성숙의 과정을 거쳐 성숙의 단계로 넘어 온다. 기도도 유아시절에는 남을 흉내 내다가 미성숙에서 걸음마를 배우고 걷기 시작하면서 달리기 준비도 한다. 성숙한 단계로의 진입이다. 우리의 영의 성숙도 아이의 성장

과정과 흡사하다. 바닷 물의 깊이에 따라 물고기 종류가 다르듯이 기도의 성숙에 따라 영의 성장도 비례하게 된다.

창조적 기도의 세계는 처음에 얕은 바닷물의 작은 물고기와 같다가 기도가 자랄수록 그것 따라 바닷물이 점점 깊어져 물고기의 크기가 더욱 자라 큰 물고기가 되는 것과 같다.

우리의 큰 소망은 창조적 기도가 더 깊은 바다로, 더 넓은 바다로 더 멀리 나아가, 그 속에서 고래처럼 더 큰 물고기가 되도록 쉼 없이 전진하는 것에 있다. 그것을 위해 지금 이 순간에도 생명을 던지며 창조적인 기도를 하는 사람들이 있기에 창조의 역사는 끊임없이 계속된다.

East Eden의 깊은 계곡에서

원 헌 영

{ 차. 례. }

제1장

더 깊은 기도의 세계

만물의 마지막이 가까왔으니 그러므로 너희는 정신을 차리고
근신하여 기도하라 무엇보다도 열심으로 서로 사랑할찌니 사
랑은 허다한 죄를 덮느니라 서로 대접하기를 원망 없이하고
각각 은사를 받은대로 하나님의 각양 은혜를 맡은 선한 청지
기 같이 서로 봉사하라 만일 누가 말하려면 하나님의 말씀을
하는것 같이 하고 누가 봉사하려면 하나님의 공급하시는 힘
으로 하는것 같이 하라 이는 범사에 예수 그리스도로 말미암
아 하나님이 영광을 받으시게 하려 함이니 그에게 영광과 권
능이 세세에 무궁토록 있느니라 아멘 (벧전4:7-11)

기도의 실상과 허상

기도할 때, 우리가 하는 기도에 과연 얼마만큼 하나님의 창조의 역사가 나타났는지 점검해 보면 참으로 유익한 결과를 얻을 수 있습니다.

소리를 높여 기도한다 든지 아니면 우리의 감성으로 열심히 기도 할 때면 힘이 나고 무엇인가 뜨거운 것이 올라와 곧 우리의 기도가 이루어지는 것 같이 느껴집니다.

그런데 그냥 기도하고 싶어서 기도하고, 통곡하고 싶어서 통곡하고, 눈물 흘리고 싶어서 눈물 흘리면, 이것이 내 감성에서 오는 것인지, 아니면 그 분이 내게 베푸신 은혜 중에 흘러오는 것인지 구분이 잘 되지 않습니다.

대부분의 경우 우리의 감성에서 오는 것이 많은데, 감성에서 오는 것이 나쁘다든지 또는 좋다든지 하는 뜻이 아닙니다. 이것은 마치 기계에 기름칠 하는 것과 같습니다. 감성에서 오는 관문을 통해서 성령께서 우리에게 역사하시는 그곳에 들어갈 수가 있습니다. 그런데 잘못 생각하고 마치 감성으로 하는 부분이 성령께서 내게 역사하시는 것으로 착각할 때가 있습니다.

현재 행해지는 기도 세계의 대부분이 이런 감성적 차원에서 머물고 있습니다. 그래서 기도의 세계에서 봤다, 떴다, 느꼈다, 냄새 맡았다 하는 것들이 허상에서 오는 경우가 많습니다. 따라서 허상에서 오는지 아니면 성령님께서 내게 실상으로 주시는지 점검해 볼 필요가 있습니다.

대중 집회에서 예언 기도를 하는 것을 보면 그 기도들은 대부분 독심술이나 인간적 직감입니다. 잘 보면 마음의 염려, 근심, 소망, 실망, 좌절, 분노, 또는 어떤 계획들이 마음에 느껴집니다. 그것은 예수님의 이름을 안 팔더라도 잡신 종교나 심리학에서도 가능하고 정신의학상으로도 가능한 일입니다.

또 요가 하는 사람들이나 깊은 산속에서 앉아서 벽만 보고 도를 닦는 사람들도 다 잘합니다. 그런데 그것을 하나님과 영이 통하는 것과 같은 것으로 잘못 생각하고 있습니다. 그러나 그것은 통하는 것이 아니고 혼의 세계에서 우리가 만든 혼의 신에게 가까이 접근되는 그런 정도입니다.

혼의 세계도 그들 나름대로 창조한 것들이 있습니다. 육의 세계에도 그런 것이 있지만 영의 세계하고는 전혀 다른 의미입니다.

예를 들어 맨 땅에 나 있는 잡풀들이 아름다운 꽃을 피우는 것을 육의 세계라고 한다면 백일홍이나 라일락이나 좀 큰 나무들이 공중에서 꽃 피는 것이 혼의 세계라고 할 수 있습니다.

그러나 영의 세계는 하늘의 무지개 같은 것입니다. 이것의 차이는 엄청 납니다. 그래서 언어에도 하늘의 언어와, 우리 인간이 만들어 낸 언어와, 자연이 우리에게 주는 언어가 있는 것입니다.

창조적 기도는 살아 있는 영과 더불어 함께하는 기도입니다. 살아 있는 영과 함께하는 기도라야 점도 찍을 수 있고, 줄도 그을 수 있고, 뿌리도 내릴 수 있고, 가지도, 잎사귀도, 꽃도 그릴 수 있습니다. 그러나 살아 있는 영과 함께하지 않는 그림은 죽은 그림, 생명 없는 그림입니다.

이 말씀은 기도의 세계에 깊은 관심을 갖는 사람, 기도에 깊이 들어간 사람들을 위해 하는 말입니다.

초보자는 배 고프면 고함을 질러야 합니다. 애기는 오줌 싸거나 배가 고프면 웁니다. 초보자들의 기도는 '우는 기도'라서 젖꼭지도 물려주고 기저귀도 갈아주고 몸도 씻어줍니다.

그런데 나이가 열 살 정도 된 아이가 바닥에 오줌 싸놓고 울면 엄마가 회초리가 어디 있나, 빗자루가 어디 있나 찾습니다.

육의 세계에서 보고 듣는 것은 잡풀만 보고 듣는 것입니다. 물론 잡풀에도 꽃이 있고 열매가 있습니다. 육의 기도에도 혼의 기도에도 영의 기도에도 다 꽃과 열매가 있지만 꽃이 있고 열매가 있기 때문에 그것이 다 같은 종류라고 한다면 그것은 정말 어리석은 생각입니다.

꽃이면 다 같은 꽃이고 열매면 다 같은 열매가 아닙니다. 풀의 열매는 풀의 열매이고, 꽃나무 열매는 꽃나무 열매이고, 또 영의 열매는 영의 열매입니다. 그런데 그것을 다 같은 것이라고 생각하니까 거기서부터 문제가 생깁니다.

기도의 깊은 세계

기도의 세계를 좀 더 쉽게 표현해 보겠습니다.

바닷가에 가면 앞에는 백사장, 맨 모래땅입니다. 맨 모래땅과 바닷물이 접하는 거기에는 1cm만 접해도 바닷물은 바닷물입니다. 바닷물이 1cm 잠기는 거기에도 바닷물이 있고 조개껍데기도 있고, 조그만 바다 고기들과, 새우들의 시체도 있습니다. 그 다음에 조그만 고동들도 있고 거기에 조그만 벌레들이 기어다니고 있습니다. 거기에도 죽음과 살아 있는 것들이 다 있습니다.

그러나 1m 깊이 들어가면 그 물도 똑같은 바닷물인데 거기에는 해삼도 있고 멍게도 있고 더 큰 고기도 있고 잘라 먹을 수 있는 해초도 있습니다. 바다 밑 모래바닥을 잘 뒤져보면 조개들도 있습니다. 1cm 깊이에 없는 것들이 1m 깊이에 들어가면 있습니다. 같은 바닷물인데 5m, 10m, 50m, 100m에 가보면 그곳에는 다른 것들이 삽니다. 100m에는 1m의 깊이에서는 찾아 볼 수 없는 더 큰 고기들과 무궁무진한 해산물들이 널려 있습니다.

기도의 세계가 이와 같습니다. 1cm의 세계도 기도의 세계이고 1m의 세계도, 50m의 세계도, 100m 깊이의 세계도 기도의 세계입니다. 내가 어느 깊이의 기도의 세계에 있느냐에 따라서 엄청나게 달라집니다.

어린아이들은 얕은 바닷물에서 조개껍데기 좋은 것 주워 왔다고 집에 가서 형, 동생, 언니, 이웃 친구들에게 자랑을 합니다. 깊은 바닷속을 본 사람은 조개껍데기 같은 것 가지고 자랑은 하지 않지만 바닷가 맨 끝에서 조개껍데기를 주운 아이는 신나는 것입니다. 육지에 없는 것이니까요.

기도의 세계에 들어갈수록 얼마만큼 겸손해야 되는지, 기도의 세계에 들어가서 얼마만큼 입을 다물어야 하는지 그 깊이를 알면 입을 열어 말하기가 어렵습니다.

바다의 파도 높이는 바람의 세기에 따라 10cm, 20cm 등 그 높이가 달라집니다.

혼의 세계의 기도는 바람 부는 대로 파도가 칩니다. 감성이나 지성이나 의지나 결단이나 욕망이나 무엇이나 소원이 있을 때 거기에 따라 말할 수 없이, 변화무쌍하게 파도가 칩니다. 그러나 참 기도의 깊은 세계는 그런 요동이 없습니다. 깊은 바닷 속에는 해저조류에 따라서 해류는 돌아가지만 파도치는 현상은 없습니다. 움직이지 않고 그냥 묵묵히 있는 바다 같지만 보이지 않게 움직이고 있

습니다. 바로 하나님의 창조적 기도의 세계가 이 깊은 바다를 의미
합니다.

얕은 바닷가의 기도도 기도이되 창조적 기도는 깊은 바다로 들
어가라는 것입니다. 깊은 바다에 들어가서 잠긴 자는 바닷 가의 얕
은 곳에 있는 조개껍데기부터 쭉 훑어 왔기 때문에 그 과정을 이야
기하면 다 이해를 합니다. 하지만 바닷가 맨 가에서 조개껍데기 줍
고 있는 사람은 바닷 속에 고래가 있다고 말해 봐야 통하지 않습니
다. 바닷 속에 가면 진주조개 안에 진주가 있다고 해도 믿지 않습
니다. 왜 그렇습니까? 안 가봤으니까요. 바닷가에서 조개껍데기밖
에 못 보았기 때문입니다.

기도의 세계에서 육이나 혼이 들어간 자락은 육지에서 볼 때는
맨 끝자리이고 가장 끝까지 간 것입니다.

그러나 영적인 면에서 볼 때는 그건 맨 바깥 부분입니다. 그 곳
은 바로 기도가 시작되는 자리입니다. 마치 바닷가가 육지의 끝이
면서 바다의 시작인 것처럼 말입니다.

멈추지 않는 생명의 기도

몇 년 전의 일입니다. 목사님, 강도사님, 전도사님들로 이루어진 중보기도 팀과 함께 기도하는데 밤 11시쯤에 여자 강도사님이 와서 옆구리를 쿡쿡 찌릅니다. 그래서 눈을 떴더니 그 분이 저에게 "목사님 일어나요." 합니다. 왜 그러느냐고 물었더니 "목사님 앞에 예수님이 서 계시니까 앉아서 기도하지 말고 일어나서 기도하라."는 것입니다. 그래서 "입 다물고 가서 기도나 하시라"고 했습니다.

그 다음날 그분을 불러서 잘 가르쳤습니다. "기도하는 자리가 봤다, 떳다 하는 자리가 아니다. 그런 것 때문에 기도 했느냐. 다시는 그러지 말고 보았거든 '아! 하나님이 그림 하나 보여주셨구나.' 음성이 들리거든 '아 노래 하나 들려주셨구나.' 그렇게 생각을 하라"고 했습니다. 기도 가운데 본 그림 가지고 매일 왔다 갔다 하면서 기도는 다 팽개쳐두고 그것 가지고 그냥 놀 수 있습니다. 음악

소리 듣고 갈 길 안 가고 그냥 음악만 듣고 있으면 더 이상 깊이 들어갈 수 없습니다. 그래서 들었으면, 봤으면 "아멘! 감사합니다"하고 다시 가라고 했습니다. 왜요? 우리는 거기에서 멈추어서는 안 되니까요. 우리의 기도는 새로운 역사를 창조하기 위해 끊임없이 전진해야 하기 때문입니다.

기도가 멈추어지는 것은 기도가 죽는 것을 말합니다. 인간은 5분만 숨을 안 쉬면 죽습니다. 10분 동안 숨을 안 쉬면 냉동 시체 보관실에 들어가게 되는 것처럼, 우리가 그런 것을 본다고 기도를 10분 쉬게 되면 기도가 어디로 갈까요? 기도 병원 영안실에 가 있을 것입니다.

보이고, 들리는 것이 필요합니다. 그러나 혼의 눈에 보이는 것은 한순간이고 우리 마음이 바뀌면 따라서 바뀝니다. 은행 마감시간이 다 되어 가는데 오늘 막아야 할 어음을 못 막고 있으면 어떤 기도를 드립니까? 마침 거래처에서 돈을 보내주어서 은행문 닫기 전에 막고 나면 얼마나 마음에 기쁨이 넘치고 감사가 넘칩니까?

이런 것을 가지고 기도의 깊은 세계에 들어갔다고 할 수는 없습니다. 이것은 기도가 깊어서가 아니라 은행에 돈이 들어와 마음의 근심이 해결되어 그런 것뿐입니다. 우리가 기도의 세계에 들어갈 때 육신의 것을 다 가지고 들어갈 수가 있습니다.

앞을 바라보고 문제를 해결하기 위해 기도의 자리에 들어가면서 살아계신 성령님과 출발을 함께 해야 합니다. 이것에 대해서는 이야기한 적이 있습니다. 암탉이 계란을 품습니다. 그런데 다섯 개는 유정란이고 다섯 개는 무정란입니다.

기도의 세계에서 하나님의 생명이 있는 기도와 하나님의 생명이 없는 기도를 함께 할 수도 있습니다. 그런데 하나님의 생명이 있는 기도는 암탉의 날개아래 있을수록 그 기도의 자리에 변화가 옵니다. 그 안에 생명이 있기 때문에 실핏줄이 생기고 세포가 확대 재생산 되고 다음에 온갖 조직들이 만들어집니다. 그 어미의 날개 아래 있으면 있을수록 그 만큼 거기에는 생명의 태동이 온전히 진행되고 생명이 그만큼 숙성하고 자라갑니다.

우리의 기도에 살아 있는 생명이 함께할 때 기도를 하는 순간순간 깊어지면 깊어질수록 시간이 가면 갈수록 기도는 새로운 창조가 계속됩니다. 그런데 우리의 기도가 그 계란 안에 생명이 없는 무정란과 같은 경우라면 그 어미닭의 날개 아래 있으면 있을수록 썩어갑니다. 우리의 기도가 사탄의 기도로 바뀌어갑니다. 그 안에서 생명을 죽이는 기도, 어두움의 기도가 되고 맙니다.

스무 하루가 끝났을 때 생명이 있는 기도는 새로운 생명으로 빛의 세계에서 마음껏 다니게 하는 것이고, 우리의 기도가 무정란일 경우에는 기도가 끝나고 어미 닭이 날개를 접는 순간에 썩은 계란의 냄새가 진동하고 그 썩은 물들이 온 바닥을 다 적시게 됩니다.

낡은 것은 죽고 새 것은 살아

　　창조적 기도가 무엇입니까? 출발은 하나입니다. 하나님은 지금
도 창조하고 계시다는 것입니다. 예수님께서 "내 아버지가 일하시
니 나도 일한다."고 말씀하셨듯이 하나님의 시간은 1초 1초가 새로
운 창조의 역사가 연속되는 끝없는 순간순간들의 연속입니다.

　　마치 아낙네들이 뜨개질 하면서 코를 하나 꿰어 갈 때마다 그의
눈은 뜨개질 하는 손을 보지않아도 자동으로 돌아가는 것처럼 시
간이 째깍째깍 갈 때마다 하나님의 창조역사는 계속됩니다.

　　하나님의 세계는 계속해서 매 순간순간마다 새로운 생명의 태어
남과 낡은 생명의 사라짐이 함께 있는 자리입니다. 우리의 기도에
이 두 가지가 꼭 있어야 합니다. 내 속에 있는 낡은 생명들은 계속
해서 제거해야 되고 그 대신에 새로운 생명들이 그 자리를 계속 차
지하게 해야 합니다.

우리 육체 속에 세포가 있는데 그 세포 중에 위벽 안쪽의 세포는 두 시간 반 이상 못 살기 때문에 생명을 위하여 두 시간 반마다 새로운 세포가 계속해서 만들어져야 합니다. 계속해서 새로운 세포가 만들어지기 위해서 두 시간 반 전에 있던 세포는 계속해서 죽어 나가야 합니다. 만약 위벽을 만드는 세포가 죽어나가지 않는다면, 우리의 배설물과 함께 위속에서 나가지 않는다면 위는 어떻게 됩니까? 돌연변이를 일으키게 됩니다. 정상세포는 태어나서 성장하고 죽습니다.

그런데 돌연변이 세포는 죽지 않습니다. 이 세포가 죽음을 가져오는 암세포가 됩니다. 죽지 않고 위 속에서 왕성하게 세력을 확장해 가는 이상 세포로 인해서 위암이 걸리게 됩니다.

기도의 세계에서도 우리가 죽어야 할 옛날의 그 부분들이 죽지 않을 때 우리의 기도는 암적인 기도가 되어서 육체가 위암이라는 진단을 받는 것처럼 기도에서도 암이라는 진단을 받을 수 있습니다. 기도의 자리에 앉아서 하는 그 안에 떨어뜨려야 할 것, 죽어야 할 것, 사라져야 할 것이 사라지지 않는 경우에 그대로 앉아 있으면 기도에 위암이 생깁니다.

다시 말하면 그 기도를 통해서 계속해서 죽음의 자리에 들어가게 됩니다. 기도의 자리에 앉을 때 어떻게 해야 될까요? "주님 새 것을 주시고 낡은 것은 흘러가게 하십시오. 신진 대사가 기도의 자리에서도 이루어지게 하십시오." 이것이 새로운 기도의 패턴입니다.

기도에 관해 재미있는 이야기가 있습니다. 제가 아는 분이 있는데 그 분이 기도는 참 잘합니다. 열심히 땀을 쏟고 잘해요. 그런데 맨 마지막에 가서 기도 정리하는 마지막 5분을 남겨놓고는 땅을 치고 통곡을 합니다. 그냥 울고 통곡을 합니다. 처음에는 기쁨과 감사가 넘쳐서 그런 줄 알았는데 가만히 보니까 그것이 아니었습니다. 그래서 야단을 쳤습니다. "기도는 울고 시작해서 웃고 끝나야지 웃고 시작해서 통곡으로 끝나려면 뭐 때문에 기도 했어? 원통하고 분하고 안 풀리고 한이 맺혀서 한 풀라고 기도했어? 한이나 풀려면 깊은 계곡 바위 앞에 가서 푸닥거리나 하라."고 했습니다. 그 분은 기도를 잘못 알고 있었습니다. 아무도 기도가 낡은 세포를 다 떨어뜨려 내는 것이라고 가르쳐 주지 않고 기도는 무조건 두들기고, 부수고, 눈물 흘리고, 고함치고, 춤추고, 손뼉치고, 흔들고 하면 된다는 무식하고 미련하고 어리석은 기도를 누군가가 가르쳐 준 것입니다. 그런 기도를 지금도 가르쳐 주는 데가 많이 있습니다. 그런 기도 하는 것을 참 잘한다고 합니다. 그런데 그것이 아닙니다. 소리치고 고함친다고 그 기도를 나쁘다고 하는 것이 아닙니다. 떨어져야 할 죽은 세포를 왜 떨어뜨리지 않나 그 말입니다. 제거해야 할 죽은 세포는 과감하게 소제를 해야 합니다.

"내 기도의 패턴은 이렇소, 내 기도의 습성은 이렇소, 아주 오래 전부터 해오던 것인데 나는 기도 잘해 왔소. 남들은 내 기도 들으면서 기도 잘한다고 옆에 와서 기도 같이 하려고 해요. 나 보고 기도하면서 본 것 말 좀 해달라고 그래요."

이렇게 자신하는 분들을 만나면 '떨쳐내야 할 암을 떨쳐내지 못하는 그런 분들이구나.' 하고 가슴을 두들깁니다.

하늘의 언어로 하는 기도

　베드로전서 4장 11절 말씀에서 베드로는 예수님의 말씀을 전할 때 자신이 만들어 낸 말로 전하지 말라고 강조합니다.

　그런데 많은 사람들이 설교하면서 자신의 말로 만듭니다. 자신의 지식으로, 자신의 경험으로 자꾸 쪼개고 조합하고 옷도 입힙니다. 하지만 인간이 만든 자리에는 하나님의 능력이 들어 갈 수 없습니다. 하나님의 언어가 선포된 곳에서만 하나님의 능력이 들어갑니다. 하나님의 능력이 들어가면 내가 능력과 권세가 있는 것이 아니고 하나님의 그 말씀 자체가 하나님의 능력을 입고 오기 때문에 그 말씀 자체가 능력이 있고, 변화를 시키고, 찌르고, 쪼개고, 수술하고, 만지고, 새롭게 합니다.

　창조적 기도를 하고 싶으면 기도에 인간적인 말들을 전부 빼버려야 합니다. 우리가 하는 일반적인 기도는 기도 순서가 딱 정해져 있습니다. 먼저 부모를 위해 기도 하고, 그 다음 남편기도, 아이들 기도 하고, 친정집 기도하고 그 다음에 생각나는 대로 누구 누구를 위해 기도합니다. 그런 기도가 나쁘다는 것이 아닙니다. 그것은 기도의 처음 단계에서는 좋은 것입니다. 예수님도 겟세마네 기도에서 자기의 마음을 가지고 갔으니까요.

"될 수 있으면 우리 무거운 인생의 쓴잔들을 피하게 하옵소서." 이것이 우리가 기도의 처음 자리에 앉았을 때 하는 내용입니다. 예수님도 겟세마네 동산에서 그렇게 말씀하셨습니다. 아버지 할 수만 있으시면 이 잔을 내게서 비켜줄 수 없습니까?

기도에 처음 들어갈 때는 그런 것들을 가지고 들어갑니다. 그러나 기도가 진행되면 될수록 바뀌어 가야 합니다. 그러나 내가 의식적으로 바꾸려고 해도 잘 안 됩니다. 입은 이 말을 하는데 마음은 저쪽에 가 있는 경우가 많이 있습니다. 하나님의 말씀을 선포해야 되는데 나의 아름다움도 위엄도 권세도 뭐도 좀 보여줘야 되겠다고 할 때 하나님 마음하고는 반대가 됩니다. 기도 할 때 인간이 동원할 수 있는 미사여구는 다 나열하고 성경에 기록돼 있는 말씀을 동원합니다. 창세기부터 계시록까지 쫙 꿴다고 하는 기도입니다.

그러면 하나님의 말씀을 가지고 기도에 들어가는 것이 무엇입니까? 그것은 기도할 때 나를 쳐서 내가 가지고 있는 기도 제목은 내려놓고 하나님의 것이 그 자리에서 있도록 하는 것입니다.

그래서 베드로 사도는 "전도할 때, 설교할 때, 사역할 때 너희들

말이나 너희들 재주로 하지 말라, 기도할 때 너희들 의도대로 하지 말라, 그 모든 것은 능력이 하나도 없으니 해봐야 시간 손해고 해봐야 변화를 안 가져온다."고 가르쳤습니다, 변화를 가져오려면 그 안에 하나님의 권세와 능력이 들어가 있어야 된다는 말입니다 .

하나님의 권세와 능력이 우리가 행하는 모든 일에 나타나려면 어떻게 해야 할까요? 그것은 말씀을 전하는 자가 앞서는 것이 아니라 이 말씀을 통해서 하나님이 영광을 받으시도록 자리를 비우고 앞세워야 합니다. 사람이 앞서는 것이 아니고 하나님의 말씀 속에 하나님의 영광이 드러나도록 말씀을 전해야 합니다.

그런데 목사님들이 하나님의 말씀을 전할 때 어떻게 하나님께서 직접 하시는 것처럼 할 수 있습니까? 하나님은 목사님들에게 그것을 할 수 있는 권능과 기회를 주셨습니다. 하나님의 말씀을 가지고, 하나님의 언어를 가지고 가라고 명령하고 계십니다.

하나님의 말씀이 하나님의 언어로 살아날 때 그 언어 자체에 창조의 능력이 있습니다. 그분은 창조주이시니까 무엇이든지 그분은 창조를 해갑니다. 우리가 기도 속에서 무엇을 창조할까 걱정할 필요가 없습니다. 그분이 우리 기도를 통해서 창조하는 것이지 우리가 창조하는 것이 아닙니다.

아기가 열 달 동안 뱃속에서 자라는데 얼마있다가 아기의 눈이 만들어지고, 다음은 귀가 만들어지고, 코가 만들어지고, 그 다음은 간이 만들어 진다는 것을 압니까? 모릅니까? 그것을 꼭 알아야 하나요? 모르는 것이 속 편하죠. 열 달만 되면 눈, 귀, 코, 입 다 가지고 나올 테니까요. 엄마가 자기 몸을 깨끗하고 정결하게 하고 음식도 잘 먹고 내 몸을 갈무리 잘할 때 그때 내 몸 속에 있는 아기는 내가 갈무리 한 것만큼 그것을 먹고, 마시고, 호흡하고, 그것으로 자기를 만들어서 열 달 후에 엄마 뱃속에서 나오는 것입니다. 그런데 아기를 가진 엄마가 술 먹어봐요. 뇌를 만드는 순간에 엄마가 소주를 먹고 양주를 먹으면, 마침 뇌 조직이 만들어지는 순간에 알콜이 들어가 버립니다. 그때 그 아기의 뇌가 불량품이 될 수밖에 없습니다. 뇌가 불량품이면 아기의 사지육체의 기능이 불량품이 됩니다.

기도가 순수해야 한다는 것은 쌀밥에 모래가 들어가서는 안되는 것과 같습니다. 모래가 들어간 밥은 먹을 수 없으니 엎어버리고 새 밥을 하라는 것입니다.

기도의 자리에 들어갈 때 그릇에 모래를 담고 와서 "하나님 여기다 하늘의 쌀밥 부어주십시오." 하면 하나님은 안 부어 주는데 마귀 사탄들이 거기에 쌀밥을 부어줍니다. 그래서 마귀 사탄이 준 쌀밥을 먹고 탈이 납니다. 하나님은 우리의 밥그릇에 모래가 있으면 비울 때까지 절대 밥 안 줍니다. 달라고 달라고 고함을 쳐도 하나님은 비우라고 하시지 주지 않습니다. 하나님에게 달라고 떼를 쓰는 그 순간에 쌀밥이 오니까 하나님이 주신 밥으로 생각하고 받아 먹습니다. 기도의 병이 그래서 걸리는 것입니다.

하나님께서 주시는 힘으로 하라

베드로전서 4장 11절 말씀에는 봉사를 하려면 하나님께서 공급하시는 힘으로 하라고 합니다. 내가 봉사를 한다고 하지 말라는 것입니다. 무엇을 하든지 내가 한다고 하지 말고 하나님께서 하시는 것처럼 하라는 말씀입니다. 설교를 할 때에도 내가 설교를 만들어서 하는 것처럼 하지 말고. 강의를 할 때도 내가 강의를 하는 것처럼 하지 말고 하나님께서 하시는 것처럼 하라는 말씀입니다,

내가 만든 강의는 힘이 없습니다. 단순히 재주만 있을 뿐입니다. 멋진 무지개 색깔 옷을 입을 수도 있습니다. 그러나 하나님께서 우리에게 주시는 강의는 무명바지를 입을 수도 있고, 삼베옷을 입을 수도 있고, 꿰메고 올 수도 있고, 아니면 무지개를 타고 올 수도 있습니다. 어떤 형태로 오든지 간에 형태와는 상관없이 거기에는 하나님의 능력과 권세가 있습니다.

목사님들이 입을 다물고 설교를 할 수 있다면 얼마나 좋을까 생각해 본 적이 있습니다. 30분이면 30분 동안 입을 다물고 설교를 합니다. 어떤 설교요? 하나님의 영이 그를 통하여서 보이지 않게 각자 각자에게 가장 필요한 하나님의 말씀을 하시는 것입니다. 그때 육체의 병든 자들은 치유될 것이요, 묶인 자들은 풀려갈 것이요, 흑암에 있는 자는 빛으로 나올 것이요, 목마른 자는 하늘로부터 오는 생수를 마실 것이요, 배고픈 자는 하늘의 떡을 먹을 것입니다.

우리가 그 자리에 못 들어가니까 기를 쓰고 인간의 말을 가져다가 하는 것입니다.

가만히 서서 하나님이 주시는 것을 보고, 받았지요? 배부르지요? 갈증 풀렸지요? 병 나았지요? 염려 불안 초조 다 사라졌지요? 하나님이 이제 가도 된다고 하시니 일어나 가십시오. 얼마나 좋은 예배입니까? 얼마나 좋은 설교입니까? 그게 안 되니까 30분 동안 열심히 입을 열어 말을 하는 것입니다. 그런 자리에 설 때마다 우리는 가슴을 칩니다. "하나님! 이 입을 벌려야 합니까? 하나님! 무엇을 전해야 합니까?"

우리는 고민해야 합니다. 그런 고민이 없으면 설교도 기도도 봉사도 헛것이 됩니다. 그래서 봉사하고 나서 하지않은 것처럼 하라고 하셨습니다. 어떤 사람이 봉사하고는 내가 이만큼 했다고 자랑하는 것을 보고 사람을 안 보고 하나님만 보았으면 하늘에서 상을 받을 텐데 인간의 칭찬 한마디 들으려고 하늘의 상을 쏟아 버리는 것이 안타까워 가슴을 친 일도 있습니다.

내가 자선사업을 했거든 그냥 툭툭 털고 가십시오. 그분이 아십니다. 내가 하늘나라에 가면 준비해 놓은 것을 주실 것입니다.

우리가 하나님의 일을 하면서 "하나님 내가 지금 이 일을 합니다. 저 일을 합니다. 금식을 합니다."라고 합니다. 이럴 때 "너는 조심하라."고 하십니다. 왜냐하면 인간이 할 때는 환경이나 여건이 변할 수가 있고 기분이 변할 수가 있고, 감정이 변할 수가 있기 때문입니다, 신나고 좋을 때는 웃통 벗어놓고 잘하지만 조금만 기분 나쁘고 언짢으면 하다 말고 확 팽개쳐 버리고 간다는 말도 하지 않고 횡 하니 가버리는 분도 있습니다. 밀가루 반죽할 때는 찬송하며 잘합니다. 그러다가 누가 와서 "반죽이 왜 이렇게 묽으냐 밀가루 좀 더 넣으라." 하면 반죽하는데 잔소리 한다고 반죽 땅바닥에 팽개치고 가버립니다. 하나님의 일을 하는데 이 꼴이 되고 마는 것입니다.

그래서 봉사를 하려면 "하나님께서 내게 주신 물질로 봉사하는 것이오. 하나님께서 내게 주신 힘으로 봉사하는 것이오. 하나님께서 내게 주신 육체로 봉사하는 것이오. 하나님께서 내게 주신 시간으로 봉사하는 것이오. 하나님께서 내게 주신 마음으로 봉사하는 것이오." 하는 마음으로 해야 합니다. 그럴 때 감정적인 흔들림 없이 봉사 할 수 있습니다.

하나님의 마음으로 음식을 만들 때 오병이어의 기적이 일어납니다. 그것은 우리가 하는 것이 아니고 그분이 하시는 것입니다.

열왕기하 4장 말씀에 보면 어떤 사람이 엘리사에게 보리떡 20개를 가지고 오니 엘리사가 100명이나 되는 성도들에게 먹이라고 합니다. 그러자 게하시가 "요것으로 어떻게 다 먹입니까? 선생님이나 잡수세요."라고 합니다. 그러나 엘리사는 "여호와께서 먹고 남으리라 말씀하신다."고 합니다.

하나님의 그 위대한 힘을 우리가 갖는다면 얼마나 좋을까요. 바로 이것이 하나님께서 내게 주신 것으로 공급하라 그 말입니다.

하나님께서 내게 주신 것으로, 하나님이 주는 마음으로 내가 공급할 때 모자라면 주신 분이 채워 주십니다. 우리가 무엇을 베풀 때는 그분이 친히 베풀도록 하는 그런 자리에 들어가야 합니다. 그것이 바로 창조적 사역이고 그 기도가 바로 창조적 기도입니다.

우리가 하나님이 기도하는 것처럼 기도할 때, 하나님의 능력과 권세로 우리가 기도할 때, 거기에 하나님이 직접 관계하시니까 엘리사에게 들렸던 "먹고도 남으리라."는 소리가 우리에게도 들릴 수 있습니다.

창조적 기도는 내가 하는 것이 아닙니다. 기도는 애초부터 초능력의 세계입니다. 인간의 힘으로는 안 되니까 될 만한 곳에 가서 간구하는 것입니다. 그것이 바로 기도의 자리입니다. 신의 세계로 가는 자리가 바로 기도의 자리입니다.

이런 기도의 자리에 갈 때 어떤 그릇이어야 할까요? 모래가 있는 그릇이어야 할까요? 아니면 먹다 남은 찌꺼기가 있는 그릇이어야 할까요? 그런 것을 가져가면 어두움의 세력들이, 마귀의 자식들이 바로 와서 거기에 먹고 병들라고 거짓되고 상한 것을 채워줍니다.

내 속에 있는 인간의 못된 탐욕, 어리석은 욕심을 버리고 하나님의 살아 있는 생명으로 하나님의 창조 역사에 동참할 때 살아계신 그분의 능력으로, 그분의 권세로, 그분의 이름으로 우리에게 새로운 창조의 역사가 나타나게 됩니다.

제2장

생명의 원천과 연결된 기도

생수가 솟는 우물을 가져라

능력과 권세의 근원

하나님을 앞세우는 기도

한계가 없는 영의 기도

육과 혼의 자리를 피하라

산에 이르러 하나님의 사람에게 나아가서 그 발을 안은지라
게하시가 가까이 와서 저를 물리치고자 하매 하나님의 사람
이 가로되 가만 두라 그 중심에 괴로움이 있다마는 여호와께
서 내게 숨기시고 이르지 아니하셨도다 여인이 가로되 내가
내 주께 아들을 구하더이까 나를 속이지 말라고 내가 말하지
아니하더이까 엘리사가 게하시에게 이르되 네 허리를 묶고
내 지팡이를 손에 들고 가라 사람을 만나거든 인사하지 말며
사람이 네게 인사할찌라도 대답하지 말고 내 지팡이를 그 아
이 얼굴에 놓으라 아이의 어미가 가로되 여호와의 사심과 당
신의 혼의 사심을 가리켜 맹세하노니 내가 당신을 떠나지 아
니하리이다 엘리사가 이에 일어나 여인을 좇아가니라

(왕하4: 27-30)

생수가 솟는 우물을 가져라

창조적 기도의 자리에 들어가게 되면 깜짝 놀랄 일들이 종종 발생합니다. 지금까지 느끼지 못했던 것, 보지도 못했던 것들이 순간순간 나타났다가 사라지곤 합니다. 사격장에 가면 타게트가 갑자기 일어났다가 사라지는 것처럼 창조적 기도의 자리에 들어갈 때마다 수확의 기쁨과 감격이 넘칩니다. 특히 목회자들에게는 여러 가지 분야가 다 중요하겠지만 어떻게 하든지 창조하는 기도의 자리에 들어가는 것이 우선적으로 중요합니다. 목회자 자신이 먼저 그 자리에 들어가서 영적 체험을 한 후에 성도들을 기도하는 자리로 이끌어갈 수 있어야 비로소 살아 있는 기도가 가능합니다.

'영적기상도', '하나님의 언어', '창조적 기도', '영적예배', '풀무대학', '영적치유', '거룩한 독서', '영적성숙과 미성숙', '영적전쟁' 등 몇 가지 새로운 주제를 가지고 강의하고 있습니다. 이러한 테마들은 모두 기도하는 자리에서 나온 것입니다. 지식에서 얻은 것이 아닙니다. 책상에 앉아서 남의 책을 베끼는 것은 남의 것을 꾸어오는 것과 같습니다. 그것은 일회용입니다. 남의 집에서 물 한 통 얻어오면 곧 바닥이 나서 더 달라고 하기도 미안하고 곤란한 지경에 이르게 됩니다.

그런데 우리 집에서 솟아나는 샘물은 언제든지 퍼서 마실 수가 있습니다. 그래서 기도도 샘솟는 기도를 해야 하는 것입니다. 목회자가 먼저 샘솟는 기도의 체험이 있어야 사랑하는 성도들로 하여금 올바른 기도를 할 수 있도록 안내해 줄 수 있습니다.

지금까지 우리는 땀 흘리며 통성으로 부르짖어야 기도한 것처럼 생각되었습니다. 한얼산 기도원장이셨던 이천석 목사님은 소나무 뿌리 하나씩 뽑으면 무언가 역사한다고 했습니다. 그 말도 틀린 말은 아닙니다. 초보 단계의 기도에서는 땀 흘리고 전심으로 부르짖고 뒹굴기도 합니다. 마치 어린 아기가 울고 떼쓰면 엄마가 무조건 들어주는 것과 같습니다.

그런데 다 큰 중학생이 방안에 앉아서 젖 달라고 울면 엄마가 어떻게 할까요? 젖을 물릴까요? 회초리를 들까요? 우리의 기도도 그렇습니다. 성숙한 성도들의 기도는 초보자들의 기도와 달라야 하는 것입니다. 기도는 영적 성숙의 척도입니다. 수십 년 전에 했던 초보적인 기도를 지금도 답습하고 있다면 그것은 영적 성장이 멈추어 있다는 증거입니다.

오늘날 우리의 기도는 잘 성장하지 못하고 있습니다. 많은 성도들이 기도의 성장 저해 요인에 걸려 있음에도 불구하고 그것을 치유하는 지도자들이 적기 때문입니다. 만약에 어떤 아기에게 육체가 성장하지 못하는 저해 요인이 있다면 그 부모는 어떻게 할까요? 아기를 업고 용하다는 의사는 다 찾아가겠지요. 좋다는 약은 어디서든 다 구해 보겠지요. 그런데 왜 목회자들은 그렇게 하지 않습니까? 내 양들이 성장하지 못하는데도 왜 그들을 치유할 생각을 하지 않느냐는 것입니다. 병원에 찾아가서 원인을 알아오든지 아니면 약을 사서 먹이든지 해야 할 것 아닙니까? 방법을 찾아야 합니다. 그 중에 하나가 기도입니다. 그냥 "기도하십시오, 통성으로 기도합니다." 하고 몇 시간 기도했는가를 스톱워치로 잽니다. 기도는 그런 것이 아닙니다.

땀 흘려 기도하고 정성껏 기도하는 초보단계에서는 필요합니다. 은혜를 받기 위해 땀 흘리고 정성들이고 금식하고 철야하고 단식하는 것이 필요합니다. 그러나 그러한 기도는 몽학선생의 초보단계입니다. 기도의 초보 단계를 거친 후에는 한 단계 앞으로 나아가야 합니다. 중학교도 가고 고등학교로 진급도 하고 대학교도 가고 외국 유학도 가야 합니다. 우리 기도는 그렇게 진보해야 합니다. 늘 초등학교 수준을 가지고 열 살에 시작한 기도를 죽을 때까지 하고 있다는 것은 기도가 성숙하지 못했다는 것입니다. 기도가 성숙하지 못할 때 어떤 어려움이 생기는지 목회자들이 잘 알아야 합니다. 내 기도가 지금 어떤 상태에 있는지, 성장저해 병에 걸리지는 않았는지 점검해 보아야 할 것입니다.

능력과 권세의 근원

본문에는 세 명의 인물이 등장합니다. 수넴 여인, 게하시, 그리고 엘리사입니다. 우리는 수넴 여인의 지혜를 주목해 볼 필요가 있습니다. 4장 30절에 이 여인의 지혜가 잘 나타나 있습니다. 수넴 여인은 기도의 능력과 권세의 근원을 알아차리는 지혜, 곧 영적 통찰력을 지니고 있었습니다.

창조적 기도는 기도의 근원을 찾아가는 데서 출발합니다. 기도의 원천을 찾아가서 원천과 연계하는 것입니다. 그런데 그 원천을 제쳐두고 피상적으로 보이는 것에만 매달립니다. 본질을 외면하고 현상에만 집착하는 것입니다.

30절에서 수넴 여인은 목숨을 걸고 기도의 원천을 떠나지 않겠다고 맹세합니다. 수넴 여인의 확고부동한 결단에 앞서 어떤 일이 있었습니까? 엘리사가 게하시에게 "네 허리를 묶고 내 지팡이를 손에 들고 가라…. 내 지팡이를 그 아이 얼굴에 놓으라."(29절)고 했습니다. 그러면서 엘리사는 다른 길로 가지 말고 그 길만 가고, 만나는 사람이 누구든지 인사도 하지 말고, 인사도 받지 말고 한눈 팔지 말고 곧장 아이에게만 가라고 했습니다. 죽은 아기에게 자기 능력의 지팡이를 들고 가라고 했습니다.

그럼 엘리사가 게하시에게 하라고 한 기도는 어떤 기도입니까? 능력의 지팡이를 내가 네게 주니 너는 이것 가지고 전심으로 기도 하라고, 누가 옆에 와서 뭐라고 해도 대답도 하지 말고, 네가 하고 싶은 것 일절하지 말고 한눈 팔지 말고 외길로, 기도하는 외길로만 가라고 그랬습니다. 엘리사가 게하시에게 한 말을 잘 새겨들으시 기 바랍니다.

우리는 기도할 때 어떻습니까? 어떤 사람이 기도할 때 핸드폰 울리면 부리나케 뛰어나갑니다. 가만히 생각해 보십시오 그런 기 도는 엘리사가 다시 하지 말라고 했습니다. 핸드폰이 울릴지라도 인사도 하지 말고, 듣지도 말고, 잡지도 말고, 전화하지도 말고 기 도에 전심으로 몰입해야 합니다. 게하시가 가지고 있는 엘리사의 지팡이는 기적을 일으킨 지팡이입니다. 기도할 때 성경책 앞에 갖 다 놓고 붙잡고 기도해 보았습니까? 그것이 게하시의 지팡이입니 다. 성경책 앞에 갖다 놓고 그 다음에 난 기도합니다. 누가 와도 없 다고 하라고 시킵니다. 산으로 가서 일주일 금식, 40일 금식을 합 니다.

그것이 바로 게하시의 기도입니다. 게하시가 들고 있는 지팡이가 뭐라고 했지요? 성경입니다. 그런데 성경책 잡고 기도한다고 무엇이든지 다 되는 것이 아닙니다. 성경책을 죽은 시체 위에 갖다 놓으면 살아날까요? 아닙니다. 제가 말하는 성경책은 눈에 보이는 책이 아니라 그 안에 있는 생명의 능력을 말하는 것입니다. 저는 성경 속에 있는 생명을 살려내는 그 능력을 말하기 위해서 게하시가 들고 있는 엘리사의 지팡이를 말하고 있는 것입니다.

창조적 기도는 창조하는 생명의 원천과 연결되지 않는 한 불가능합니다. 정원에 물을 주기 위해서는 고무호스를 수도 연결 부분에 끼워서 사용합니다. 수도꼭지에다 호스를 끼워서 물을 틀기만 하면 호스를 통해서 물이 나옵니다. 그런데 수도꼭지를 잠가놓고 그 호스로 정원에 물을 주려고 하면 물이 나올까요? 기도도 같은 이치입니다. 이 이치를 알면서 왜 기도에는 적용을 못합니까?

수도꼭지 잠가놓고 아무리 기도해도 안 됩니다. 창조적 기도는 호스가 없더라도 수도꼭지만 틀어놓으면 됩니다. 그래서 우리가 필요한 것만큼 10m의 호스를 연결시킬 수도 있고, 20m의 호스를 연결시킬 수 있습니다. 다시 말하면 우리가 필요한 것만큼 기도의 시간을 조절할 수 있습니다.

엘리사 선생이 시키는 대로 그 수제자 게하시는 엘리사의 지팡이를 들고 앞뒤 안 돌아보고 열심히 뛰어갔습니다. 그는 아마도 죽은 아이의 시신이 덜 부패하도록 1초라도 빨리 뛰어가야 했을 것입니다.

앞에 동네 어른들이 있어도 인사도 안 했을 것입니다. "저런 고

약한 놈 봤나, 전에는 안 그랬는데 돌았구나.”라는 오해를 받을 정
도로, 가다가 인사할 사람이 있어도 인사하지 말고, 내게 인사하는
사람이 있어도 인사를 받지 말라니, 얼마나 독한 말입니까? 얼마
나 독한 기도를 하라는 것입니까? 그렇게 해서 게하시는 엘리사의
지팡이를 가지고 수넴 여인의 죽은 아들에게 갔습니다. 그리고 엘
리사의 말대로 그 지팡이를 어린아이의 얼굴 위에 올려놓았습니
다. 아이가 살아났습니까? 그 기도가 과연 생명이 있는 기도, 생명
을 살리는 기도였습니까?

지금까지 우리의 기도는 어떠했습니까? 게하시의 기도는 아니
었습니까? 능력 있는 스승의 지팡이를 가지고 그가 하라는 대로
땀을 흘리면서 곁눈질하지 않고 외길로만 뛰어갔습니다. 참 진실
하고 진지하게 하나님이 안 들어 줄 수 없는 그런 기도를 했다고
말합니다. 그것도 성경책을 붙들고 그렇게 기도를 했는데, 그 기도
의 결과가 생명하고는 아무 관계가 없습니다. 죽은 생명을 부활의
생명으로 돌려받지 못했습니다.

하나님을 앞세우는 기도

여인이 엘리사를 찾아와서 발을 꽉 붙잡고 안 놓습니다. 그런데 엘리사는 "하나님께서 내게 숨기고 있으니 나도 이 여인이 왜 내 발등을 붙잡고 이러는지 모르겠다."고 합니다. 이 말이 그렇게 엄청난 하나님의 능력과 권세를 가진 자가 할 말입니까? 그러나 바로 그 말이 하나님의 권세를 객관적으로 제시한 것입니다.

내가 아무리 하늘의 능력과 권세를 받았을지라도 어느 한 문제에 있어서 그 문제를 풀어주고, 그 문제를 밝혀주고, 그 문제를 보여주는 것은 하나님의 권한입니다.

하나님이 내게 보여주실 때 나는 볼 수 있고, 하나님이 내게 들려주실 때 나는 들을 수 있고, 하나님이 내게 펼쳐주실 때 난 그것을 알 수 있는 것이지 그 외에는 모른다는 것입니다.

그럼 기도의 자리가 어떤 자리입니까? 하나님의 능력과 권세가 바로 생명의 원천인 것처럼 기도의 자리는 창조력의 원천이 됩니다. 그렇다면 우리의 기도는 오로지 원천에 연결되어야 합니다.

하나님의 뜻은 바로 원천에 연결될 때만 그것을 볼 수 있고 감지할 수 있고 냄새 맡을 수 있다고 했습니다. 창조적 기도도 바로 그 모든 비밀과 모든 신비함을 갖고 계시는 원천에서 풀어주지 않으면 불가능한 것입니다.

그럼 우리의 기도에 승패는 어디서 좌우됩니까? 하늘에서 좌우됩니다. 내가 이 땅에서 좌우하겠다구요?

"너희가 이 땅에서 매면 하늘에서 매일 것이요 이 땅에서 풀면 하늘에서도 풀릴 것이요."

이 말씀은 나중에 별도로 다르게 설명할 것입니다.

모든 근원은 하늘로부터 시작해서 하늘로부터 내려오고 하늘이 풀어줄 때만 알 수 있습니다. 예언자 엘리야의 증언처럼 하나님이 내게 숨기실 때 우리는 알 길이 없습니다. 하나님이 내게 덮어두실 때 우리는 그 뚜껑을 열 수 없습니다. 그렇다면 열 수 있는 길과 방법이 무엇입니까? 그분의 기도를 기도의 자리에서 우리가 대리 하는 것입니다. 다시 말합니다. 하늘의 뚜껑을 열 수 있는 방편은 우리가 이 땅에서 그분의 기도를 대신하는 것입니다. 그럴 때 그분이 자신의 기도를 우리가 해 드리니 자신의 뜻이 이루어지도록 그곳의 비밀을 보여 주시는 것입니다. 이제 창조적 기도가 어떤 것인지 조금은 이해가 될 것입니다. 우리 만세삼창하고 기도합시다. 그것도 정신통일 하는 데는 좋습니다. 애들이 시끄럽게 할 때 "야! 시끄러워 조용히 해!"하는 것과 같습니다. 우리의 마음이 사방으로 퍼지고 갈라져 있다는 말입니다. "야! 시끄러워 조용히 해." 그것이 만세삼창이며, 나쁘다는 것이 아닙니다. 그것은 준비과정일 뿐입니다.

그런데 여기서 수넴 여인의 지혜를 봅니다. 아이가 죽었습니다. 여인은 남편한테 사환하고 노비하고 나귀를 달라고 합니다. 남편이 이유를 묻자 여인은 아이가 죽었다는 말을 하지 않고 엘리사 선생을 찾아간다고 합니다. 예배드릴 때가 아닌데 왜 가는지 이유를 묻는 남편에게 여인은 아이가 죽었단 말을 하지 않고 입을 꾹 다물고 "평안이니이다"라는 의미심장한 말을 합니다.

얼마나 지혜로운가요? 성경을 가만히 보면 참 멋진 이방여인들이 많이 나옵니다. 여자는 지혜로워야 합니다. 미련하고 우직하고 황소 같고 고집스런 멧돼지 같은 남편이라도 하나님이 주신 지혜를 가지고 조화를 이루고 은혜롭게 리드해 나가야 할 것입니다.

엘리사는 1등 학생대표가 내 능력의 지팡이를 들고 갔으니 아이가 살 것이라고 했습니다. 그러자 수넴 여인이 엘리사에게 무엇이라고 말했습니까? "당신이 섬기는 하나님에게 내 생명을 걸고 말합니다. 당신이 가지 않으면 결코 나는 당신을 놓지 않을 것입니다." 이 기도는 바로 모세가 하나님께 드린 기도입니다.

모세가 이스라엘 백성을 이끌고 가나안에 들어갑니다. 하나님이 노하셔서 모세에게 먼저 가라고 하십니다. 그러자 모세는 하나님이 앞서가지 않으면 가지 않겠노라고 떼를 씁니다. 바로 이것이 창조적 기도의 핵심을 풀어나가는 열쇠입니다.

우리가 기도할 때 "하나님 이렇게 하지 않으시면 나도 안할 거예요. 하나님 내가 할테니까 따라오십시오."라고 기도합니다. 내가 앞장서서 가고 하나님께는 따라오라고 합니다. 우리는 거꾸로 기도하고 있습니다.

하나님께서는 당신이 앞서 나가시기를 원하십니다. "나를 앞세워라."는 것입니다. 기도의 순서는 하나님이 먼저 가시는 것입니다. 내가 먼저 앞장서고 하나님께 뒤에 오라고 하면 큰일 납니다. 애초부터 출발이 잘못되었으니까 틀림없이 사고는 나게 되어 있습니다.

한계가 없는 영의 기도

아이의 죽음을 두고 엘리사와 수넴 여인의 만남과 대화에서 우리는 두 가지 사실을 확인할 수 있습니다. 엘리사의 입장에서 두 가지를 봅니다. 하나는 그가 능력의 지팡이를 가지고 있을지라도 그것이 능력의 원천하고 무관했을 때는 아무런 능력을 발휘하지 못했다는 것입니다. 하나님의 권세가 거기에 함께할 때만 지팡이도 힘이 있는 것입니다. 함께하지 않을 때는 아무 능력이 없다는 것입니다.

또 하나는, 내가 하늘의 모든 비밀을 알 것 같고, 눈이 열려있고, 귀가 밝아져 있다 할지라도 영으로 하나님께 연결되지 않은 자의 기도는 한계가 있다는 사실입니다. 즉 육으로 하는 기도는 한계가 있습니다. 또한 우리의 마음으로 하는 기도, 혼으로 하는 기도, 이성으로 하는 기도도 한계가 있습니다. 그런데 한계가 없는 것은 바로 영의 기도입니다.

많은 사람들이 육체의 힘으로 나무 뿌리 10개, 20개 뽑아서 방언의 은사 많이 받아옵니다. 그건 전부 육으로 한 은사입니다. 영으로 한 것은 하나님께서 내게 열어주시는 은사입니다. 혼으로 하는 은사는 어떤 것입니까? 인간의 지·정·의를 총동원해서 기도의 세계로 들어가는 것입니다. 그렇게 해서 기도의 세계로 들어갈 때 그것의 한계는 어디까지입니까? 인간의 혼이 찾아갈 수 있는 그 선까지는 보이기도 하고 들리기도 하고 냄새를 맡게 되기도 합니다. 그러나 그 이상은 도저히 불가능합니다.

예를 든다면, 100m 높이의 산에 올라갔을 경우에 우리 시야에 펼쳐지는 들판의 크기와 1,000m 높이의 산에 올라갔을 때 시야에 펼쳐지는 자연의 범위가 다릅니다. 또 더 높은 산이 뒤에 있을 경우 그 뒤는 하나도 볼 수 없습니다. 그러나 하늘 위에서 비행기를 타고 볼 때는 산의 높이가 아무 상관이 없습니다.

영의 기도에 들어간 자는 마치 비행기를 타고 하늘에서 내려다보는 것과 같습니다. 히말라야 산맥이나 해발 500m밖에 안되는우리 동네의 산이나 비행기를 타고 볼 때는 그 산이 그 산이요 별 차이가 없습니다.

기도의 세계에 들어갈 때 500m되는 산에 올라가서 만족하지 마십시오. 육의 기도는 한계가 있습니다. 육의 기도를 했다고 보이지 않는 것은 아닙니다. 보일 만큼만 보입니다. 그러나 그 다음은 하나도 못 봅니다. 혼의 기도를 할 때도 보일 만큼만 보입니다. 그러나 그 다음은 하나도 못 봅니다. 그러나 비행기 타고 올라가 있는 영의 세계에서는 모든 것이 다 아래에 있어서 한눈에 보입니다.

기도는 처음부터 영의 세계로 들어가는 것이 가장 좋습니다. 그러나 그 세계가 그렇게 힘들기 때문에 예비과정을 거쳐서 올라가는 경우가 많이 있습니다. 기도의 수련 과정들도 어떤 경우에는 그것이 필요하기도 합니다. 우리의 육체로 하는 기도, 혼으로 하는 기도, 이성으로 하는 기도는 모두 영의 기도에 들어가기 위한 준비 단계로 보면 될 것입니다. 거기에서 내 육의 눈에 보이는 것을 듣고, 내 혼에 보이는 것을 보았으니 나는 다 듣고 보고 했다고 하는 것이 틀린 것은 아닙니다.

어린아이의 눈으로 보는 세계가 있고 학생의 눈으로 보는 세계가 있고, 성인의 눈으로 보는 세계가 있고, 전문가의 눈으로 볼 수 있는 세계가 있기 마련입니다. 각각 보는 눈이 다릅니다.

그래서 앞으로 영적 지도자가 될 사람은 비행기를 타야 합니다. 산에 오를 생각은 애초부터 하지 마십시오. 산 위에는 산이 있고, 그 산 위에 또 산이 있고 끝이 없습니다. 그러나 일단 비행기에 타면 산하고는 아무 관계가 없습니다. 얕은 산에서 야호 하는 사람이나 조금 더 높은 산에 와서 야호 하는 사람은 다 같습니다. 비행기를 탔을 때는 아래서 무슨 일을 하는지 아무 관계가 없습니다.

우리가 창조적 기도를 할 경우에 바로 하나님의 권세와 맞닿는 그 끝자락 자리로 올라가야 합니다. 생명이 있는 원천에 깊이 잠겨야 합니다. 능력 있는 원천으로 가야 합니다.

육과 혼의 자리를 피하라

하나님의 영이 함께하는 기도의 자리가 있고, 하나님의 영과는 아무런 관계가 없는 기도의 자리가 있습니다. 창조적 기도가 일어난 자리는 하나님의 영이 함께하는 자리입니다.

하나님의 영이 함께하는 자리와 함께하지 않는 자리를 어떻게 구별할 수 있습니까? 육과 혼이 기도하는 자리는 하나님의 영이 함께하지 않습니다. 영이 하는 기도는 하나님의 영이 함께합니다. 그렇게 구별하시면 됩니다.

육의 세계는 혼의 세계를 볼 수 없습니다. 마찬가지로 영의 세계를 혼의 세계가 볼 수 없습니다.

이것은 식물이 동물의 세계에 들어올 수 없는 이치와 같습니다. 하나님의 자연법칙을 넘을 수 없습니다. 동물이 인간의 지혜의 세계에 들어올 수 없습니다. 기도의 자리에 들어갈 때는 영적인 기도의 자리에 들어가야 합니다. 그것이 우리가 말하는 창조적 기도입니다. 창조적 기도의 원천은 하나님이심으로 하나님의 영을 가진 자는 하나님의 영으로 기도하게 됩니다.

우리는 기도할 때 종종 인간이 하나님의 초자연의 신비한 세계를 불러들일 수 있다고 착각합니다. 우리가 기도를 해서 하나님을 움직인다고 생각합니다. 그러나 우리가 기도해서 하나님이 움직여 주는 것이 아닙니다. 어린아기가 배고파 우니까 엄마가 젖꼭지를 물려주는 것처럼 어린 아기 기도를 할 때에 응답하시는 것입니다. 그러나 성인의 기도는 그런 기도가 아닙니다.

유한한 인간이 초능력의 무한한 세계에서 하나님을 움직이려고 할 때 어떤 기도가 되어야 합니까? 우리 인간의 힘과 능력으로 신의 세계에 들어갈 수 있고 신을 움직인다구요? 그것은 전혀 불가능한 일입니다.

인간의 세계에 하나님 영이 들어오게 할 때 비로소 우리의 기도는 내 속에 있는 하나님의 영이 기도하는 것이 됩니다. 내 속에 있는 하나님의 영이 기도하기 때문에 하나님께서 들으십니다.

내가 육이나 혼으로 하는 기도는 하나님의 영을 움직이는 기도가 되지 못합니다. 하나님께서 우리의 기도를 들어주시는 것은 그냥 어린아기가 배고파 울거나 또 뭔가 필요해서 울 때 들어 주시는 초보적 기도를 말하는 것이 아닙니다.

수넴여인이 엘리사의 발을 잡고 "당신이 가기 전에는 이 발을 못 놓습니다." 하고 엘리사는 말합니다. "내 수제자 게하시가 갔으니까 잘 될 것이다." 그러나 어림도 없는 소리입니다. 게하시가 어떻게 하겠습니까?

게하시와 같은 기도를 우리는 많이 합니다. 게하시가 달려가서 지팡이를 놓을 때 마음이 얼마나 두근거렸겠습니까? '눈을 떠야 할 텐데 안 뜨면 어떻게 하나' 걱정하면서 그가 그 지팡이를 죽은 아이 위에 놓을 때 얼마나 땀 흘려 기도했겠습니까? 그러나 기도하고 가만히 보니 꿈쩍도 안 합니다. 눈을 떠야 할 텐데 눈을 안 뜹니다. 지팡이를 들었다 놓았다 하며 눌러도 보고 그랬을 것입니다. 그런데 능력이 없는 지팡이는 100번을 들었다 놓았다 해도 소용없는 것입니다.

사무엘상에 보면 블레셋과 하나님의 백성이 싸움을 할 때 하나님의 백성이 패전을 하니까 법궤를 가져다 놓으면 되겠다고 해서 홉니와 비느하스가 법궤를 가져 왔습니다. 그러다가 결국은 법궤도 빼앗기고 그 가문이 한순간 몰락한 것을 볼 수 있습니다. 법궤는 하나님의 신이 거하시는 곳입니다. 그런데 하나님의 신이 거하시는 법궤가 갔으면 하나님의 신의 능력이 솟아나야 할 텐데 능력은커녕 그것마저도 빼앗겨 버렸다는 것입니다.

우상을 섬기는 이방인들의 기도가 바로 그런 것입니다. 능력이 없는 어떤 실체를 놓고 우리가 기도를 합니다. 우리는 예수님의 이름으로 기도합니다. 금식하며 하나님의 이름을 부르면서 기도합니다. 성경말씀에 기록된 그대로 기도하니 다 잘 될 것이라고 말합니다. 그러나 어림도 없는 소리입니다.

바로 게하시가 들고 있는 엘리사의 지팡이와 똑같은 것입니다. 이제는 그런 것을 들고 기도하지 말아야 합니다. 생명이 없는 것을 가지고 기도하지 마십시오. 생명이란 우리가 가지고 있는 성경 속에 있는 글자들이 바로 우리에게 생명으로 다시 살아나게 하는 것입니다.

생명으로 다시 살아나게 하는 것이 무엇입니까? 하나님의 영만이 그것을 가능하게 합니다. 그 글씨는 우리 인간이 보게 하기 위해서 인간의 눈으로 읽게 하기 위하여 인간의 글자로 기록되어 있는 것입니다. 그러나 그것을 쓰신 분은 그 안에 하늘의 생기를 넣으셨습니다. 그 하늘의 생기가 성경 안에서 다시 살아나지 못할 경우에는 그 글씨만 가지고 100년을 읽고 그려본들 아무 소용이 없습니다.

이것은 성경 글자들이 능력이 없다거나 하나님의 말씀이 아니라는 말이 아닙니다. 하나님께서 기록하신 의도대로 그 안에 있는 글씨들 하나하나에 들어가서 살게 하라는 것입니다.

성경말씀 그 자체 속에서 내게 생기를 불어넣을 수 있는 하나님의 영이 내게 역사하셔서 그 말씀 속에 내가 오늘 하나님께 기도하고자 하는 그 내용들을 성경에서 찾아낼 때 그 성경에서 찾아내는 글자 하나하나가 바로 생명으로 살아난 하나님의 살아 있는 말씀이 됩니다. 하나님의 살아 있는 그 말씀으로 내가 기도할 때 그 말씀의 능력과 권세로 하나님께서 역사해 주십니다.

내 인간의 육과 이성과 지성, 내 인간의 감성으로 아무리 기도할

지라도 그것은 하나님의 영을 움직이지 못합니다. 사탄은 움직일 수 있을는지 몰라도 하나님의 영은 움직이지 못합니다. 우리가 기도에 들어갈 때 '내가 기도하니까 하나님 내 말을 들어주십시오.'라는 생각은 이제 싹 없애 버리시기 바랍니다. 그것은 기도를 무너뜨리는 것입니다.

다시 새롭게 쌓아가야 합니다. 기도의 자리에 앉을 때 "지금 이 시간 하나님의 생명이 임하게 하옵시고 임하신 하나님의 생명으로 인하여 하나님께서 이 시간 나를 통하여 기도해 주세요."라고 기도해야 합니다. 하나님 역사가 이루어지도록, 하나님의 뜻이 내 기도를 통하여 이루어지도록 기도해야 합니다. 나는 단순히 수동적 적극성으로 기도할 뿐입니다. 역사하시는 분은 하나님이시며, 하나님의 생명의 말씀이 내 속에서 살아서 아버지께 이뢰는 것입니다. 그렇게 기도가 진행될 때 우리의 기도에는 권세가 있게 됩니다.

내 안에 하나님의 영이 기도하기 때문에 하나님의 영은 하나님의 사정을 매우 잘 알고 있습니다. 하나님의 영이 하나님의 사정을 잘 알기 때문에 하나님께서 우리에게 기도하시는 제목대로 기도할 때 그것은 자동적으로 그분의 뜻이니 그분이 이루시는 것입니다. 바로 그것이 창조적 기도입니다.

엘리사가 이 여인의 강권에 어쩔 수 없이 일어납니다. 그리고 수 넴여인의 집에 가서 아이의 방으로 들어갔습니다. 지팡이가 간 것이 아니고 하나님의 영이 함께한 자가 시체가 있는 곳으로 간 것입

니다. 그가 들고 있던 지팡이가 어린아이의 시체 위에 있을 때는
어린아이가 일어나지 않았습니다. 그런데 하나님의 영이 함께한
그 사람이 그 죽은 시체 위에 올라갈 때 그의 손이 시체의 손을 잡
고, 그의 입이 시체의 입에 맞춰지고, 그의 코가 시체의 코에 닿고,
그의 손이 시체를 잡았을 때, 그의 가슴이 시체 위에 놓였을 때 생
기가 돌아오기 시작했다고 했습니다.

기도는 바로 이런 것입니다. 껍데기 기도는 아무리 해도 시체만
더 썩어가게 할 뿐입니다. 참된 기도는 하나님의 생명이 있는 자가
하나님의 생명으로 말미암아 하나님의 뜻이 이루어지게 하는 기도
입니다.

우리는 모두 하나님의 뜻을 품고 있습니다. 하나님께서 우리들
각자에게 주신 사명이 있습니다. 쓸모없는 사람은 아무도 없습니
다. 하나님께서 각자에게 주신 하나님의 선하신 뜻과 계시가 있습
니다.

하나님께서는 우리를 이 땅에 보내시고 우리로 사역을 하게 하
신 그 목적을 이루시기를 원하십니다. 그것은 그대로 다 이루어집
니다. 그러나 이루어지는 조건이 있습니다. 하나님의 영이 내 속에
서 하나님의 영으로 하나님의 뜻이 이루어지도록 기도할 때 모든
것은 자동적으로 성취되는 것입니다.

엘리사가 하나님의 영을 가진 사람입니다. 그가 하나님의 영을
가지고 죽은 어린아이의 시체 위에 엎드려 하나님의 영으로 기도
할 때 하나님은 그 아이의 영을 되돌려 보내서 살려주셨습니다.

우리는 창조적 기도의 자리로 나아가야 합니다. 이전에는 잘 몰랐지만 이 시간 이후로는 우리의 기도가 생명을 살리는 기도, 재창조하는 능력이 있는 기도가 되게 해달라고 간구하십시오. 내가 하나님의 도구로 쓰이는 데 있어서 하나님께서 내게 가장 원하시는 것이 무엇이겠습니까? 하나님의 영이 내 속에서 그것을 위해 기도하게 해야 합니다. 어떤 사건을 만났을 경우에 이 사건의 내용이 무엇이며, 왜 이 일이 일어났는지, 이 일이 하나님의 뜻과 무슨 관계가 있는지 물으십시오. 하나님은 모든 것을 알고 계신 분이시므로 하나님께서 이 문제를 풀어주실 것입니다.

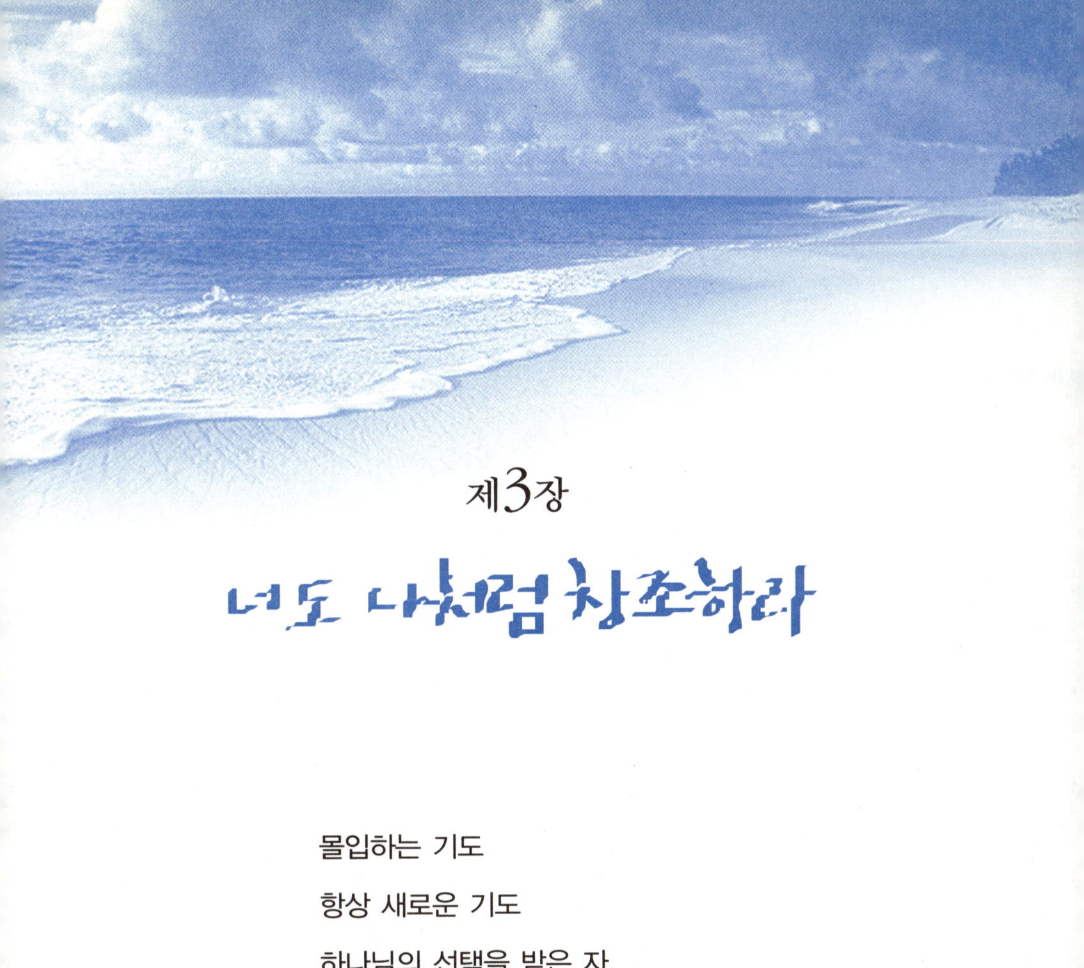

몰입하는 기도

항상 새로운 기도

하나님의 선택을 받은 자

새로운 방법으로 응답하심

하나님의 기도가 되게 하라

만일 여호와께서 새 일을 행하사 땅으로 입을 열어 이 사람들
과 그들의 모든 소속을 삼켜 산채로 음부에 빠지게 하시면 이
사람들이 과연 여호와를 멸시한 것인줄을 너희가 알리라 이
모든 말을 마치는 동시에 그들의 밑의 땅이 갈라지니라 땅이
그 입을 열어 그들과 그 가족과 고라에게 속한 모든 사람과 그
물건을 삼키매 그들과 그 모든 소속이 산채로 음부에 빠지며
땅이 그 위에 합하니 그들이 총회 중에서 망하니라 그 주위에
있는 온 이스라엘이 그들의 부르짖음을 듣고 도망하며 가로
되 땅이 우리도 삼킬까 두렵다 하였고 여호와께로서 불이 나
와서 분향하는 이백 오십인을 소멸하였더라(민16:30−35)

몰입하는 기도

　민수기 16장 30절의 말씀이 우리에게 창조적 기도가 무엇인지 증언하고 있습니다.

　하나님의 말씀을 들을 때나 묵상할 때 가장 필요한 것은 모든 것을 쏟아 붓고 집중하는 것입니다. 마음과 뜻과 정성을 모두 쏟고 온 육체와 환경까지 몰입을 해야 합니다. 하나님의 말씀이 우리에게 가까이 올 때 그 말씀이 진실로 가까이 가야 할 부분은 영의 부분이지 우리의 이성의 부분이 아닙니다. 더더욱 육체의 부분도 아닙니다. 우리의 육체와 이성은 단순히 영의 부분이 온전히 들을 수 있도록 도와주는 보조적 역할을 할 뿐입니다.

　믿음 생활을 하다 보면 인간이 만들어놓은 어떤 교리나 규례 같은 제도적인, 활자화된 부분들이 공동체를 이끌어갑니다. 그런데 잘못하면 그것이 공동체의 모든 조직의 생명을 죽이는 경우가 종종 있습니다.

글자와 규칙, 규례 그대로 다 따라가야 하기 때문에 실제로 살아야 할 영의 생명을 다 죽이는 것입니다. 어느 것이 더 중요한지 확인하는 자기 침묵의 순간들이 필요합니다. 자기 침묵이라는 것은 내가 현재 가지고 있는 모든 것들, 내게 펼쳐진 모든 상황들, 내게 전개되는 모든 규율이나 법도 등, 그 모든 것을 다 잠재우는 어느 한 순간을 말합니다.

어떤 집단을 보면 그 안에 생명은 다 빠져버리고 그냥 규칙만으로 살아갑니다. 그 규칙을 온전히 지키는 사람을 베스트 원이라고 합니다. 그러나 그것만으로 하나님이 기뻐하시는 사역자라고 할 수 없습니다. 하드웨어만 있고 그것을 실행하는 소프트웨어가 없기 때문입니다.

옛날 교부들이 심각하게 한 질문이 있었습니다. "하나님, 성례 집전을 하는 신부가 하나님께 가장 가깝습니까? 아니면 밭에서 김을 매는 신부가 하나님께 가깝습니까? 아니면 앞뒤 돌아볼 것 없이 아침부터 저녁까지 식당에서 밥하고 설거지하고 그릇 닦고 그러다가 기도시간도 제대로 갖지 못하는 식당에서 봉사하는 사람이 하나님께 제일 가깝습니까?" 한두사람이 물어 본 것이 아니고 여러 사람들이 물었습니다. 어떤 질문입니까? 그 사람들은 지위와 소속된 환경에 따라서 하나님과 가깝기도 하고 덜 가깝다는 생각을 한 것입니다. 그런 속성은 우리에게도 있습니다. 하나님께서는 모두 똑같다고 하셨습니다. 다른 것이 있다면 그들이 그 자리에서 진실로 그들의 마음과 뜻과 정성을 다하여 하는지 그렇지 않은지의 차이라고 하셨습니다.

성례집전을 하거나 설교를 하거나 기도를 하거나 찬양을 하거나 밭에서 김을 매거나 땅을 파거나 아니면 부엌에서 그릇을 씻고 밥을 하며 장작불 때는 그런 사람이나 아무 관계 없습니다. 그들이 자신이 해야 하는 그 자리에서 얼마만큼 사랑하는 마음, 예수 그리스도의 마음, 희생하는 마음으로, 진실 된 마음으로 그가 그 일을 하는지에 따라서 하나님과 가까워질 수도 있고 멀어질 수도 있습니다.

항상 새로운 기도

창조적 기도는 지금까지 하던 기도가 아닌 새로운 기도를 하는 것입니다. 내가 지금 하는 기도가 어제와 똑같이 기도하고 있다면 내 기도는 죽은 기도가 됩니다. 어제 내가 기도했던 똑같은 마음으로, 어제 내가 기도했던 똑같은 자세로, 어제 내가 기도했던 똑같은 열정으로, 어제 내가 생각했던 하나님에 대한 똑같은 생각으로 그 자리에 앉았을 때 그 기도는 살아 있는 기도가 아닙니다. 하나님은 순간순간마다 살아 있는 역사, 생명 운행을 하십니다. 하나님이 만약 매 순간순간마다 살아 있는 역사를 하지 않으시면 하나님도 죽은 하나님이 됩니다.

여러분이 일 분 전에 숨을 쉬었습니다. 일 분 전에 숨 쉰 그 숨이 지금 이 순간에 다시 여러분 코앞에 온다 하면 살까요? 아닙니다. 죽게 됩니다. 어젯밤에 기도했던 그대로 오늘 새벽에 내가 기도의 자리에 앉을 때 그 기도의 자리는 시체를 옆에 놓고 통곡을 하든지, 기쁨의 찬송을 하든지, 춤을 추든지, 손뼉을 치든지, 땀을 흘리든지, 눈물을 흘리든지 하는 자리가 됩니다.

바로 그것을 깨뜨리기 위한 것이 창조적 기도입니다. 우리가 여호와 하나님, 나의 주님 이렇게 말을 우리 입 밖으로 토해낸 순간순간마다, 그 말 한마디 한마디가 일 분 전에 했던 그것과 달라지지 않는다면 우리의 기도는 창조하는 기도가 되지 못합니다.

영적인 자리에 들어오는 사람의 기도는 바로 이런 창조하는 기도가 되어야 합니다.

창조의 기도가 무엇인지, 영성을 한다는 사람들에게 창조적 기도라는 이 행위가 왜 필요한지, 그 생명이 어디서 오는지를 우리는 66권의 하나님의 동산에서 찾아볼 수 있습니다.

하나님이 주신 66권의 동산에서 봄, 여름, 가을, 겨울, 아침, 저녁, 낮, 밤, 비 올 때, 눈 올 때, 맑을 때, 바람 불 때, 고요할 때, 그 모든 순간순간마다 하나님께서 우리에게 주시는 영감은 다릅니다.

하나님께서는 매일매일 순간순간마다 우리에게 새로운 것을 제시하고 새로운 것을 만들어주시기 위해서 부단히 노력하고 계십니다. 그분이 우리에게 계속해서 제시해 주는 새로운 것을 먹고 마시고 숨쉬어야 하는데, "어제 것이 좋사오니, 그저께 것이 좋사오니, 익숙한 것이 좋사오니, 그동안 계속 먹어왔던 것이 좋사오니 그냥 이대로 내버려 두십시오." 하는 것이 지금까지 우리의 예배요, 우리의 설교요, 우리의 기도요, 우리의 믿음 형태였습니다.

거기서 한 단계 더 높이 올라서자는 것입니다. 주님이 오늘 나를 위해서 과연 어떤 새로운 것을 창조해 주시는지 우리는 목마른 사슴이 물을 찾는 것처럼 그렇게 애타게 찾아야 합니다.

저는 그동안 사슴은 풀만 먹는 줄 알았습니다. 그러다가 초기 기독교 시대 어떤 고전을 봤는데 어느 신부가 쓴 자기 증언이었습니다. 목마른 사슴이 물을 찾는 이유가 사슴이 독사를 잡아먹는데 그 독사의 독이 얼마나 독한지 몸이 불덩이처럼 타올라 물이 안 들어가면 그 독이 온 몸에 퍼져서 죽을 지경이 된다는 것입니다.

그때 사슴이 물을 찾는 것은 단순히 목이 말라서 찾는 것이 아니라 생사 기로에서 살기 위해서 물을 찾는다는 것입니다.

하나님의 말씀을 묵상할 때 편안히 앉아서 눈이나 감고 조용한 곳에서 하늘을 쳐다보든지 편히 앉아서 머리로만, 마음으로만 외우면 된다고 하는데 묵상은 그런 것이 아닙니다. 하늘이 내려오도록, 하나님께서 내 앞에 와서 계시도록, 내가 묵상하는 그 구절이 바로 내 앞에 생명처럼 살아서 나와 같이 호흡하도록 하는 것이 바로 진실된 묵상의 자리입니다.

사슴이 목이 말라 시냇물을 찾는 것이 아니라 죽음을 모면하고 살기 위해서 찾는 것입니다. 우리가 창조적 기도를 찾아가는 것은 내 기도가 생명을 찾기 위해서입니다.

하나님께서 내게 주신 "너도 나처럼 창조하라, 너도 나처럼 새 것을 계속 만들어가라."는 말씀을 이행하기 위해서 내가 어떻게 해야 하는지 생각해야 합니다.

하나님의 선택을 받은 자

　민수기 16장에는 한쪽에는 고라, 다단, 아비람이 나오고 다른 쪽에는 아론과 모세가 창조적 기도를 만들어 가는 배역들이 등장하고 있습니다. 하나 기억할 게 있습니다. 우리가 지금 행하는 이 모든 것들은 그분께서 우리에게 주신 드라마의 한 부분에 불과합니다. 저나 여러분이나 하나님께서 주신 드라마를 집행하는 것뿐입니다. 거기서 역할을 하는 것뿐입니다. 말하는 저나 듣는 여러분이나 똑같이 그 역할을 얼마만큼 진지하게 하느냐가 문제가 됩니다.

　말하는 제가 졸면서 말할 수 있습니다. 졸면서 말 한다는 것은 건성으로 말을 한다는 것이고 말을 듣는 여러분도 졸면서 건성으로 들을 수 있습니다. 왜 이런 일이 일어납니까? 여러분이 졸면서 듣고 싶어서가 아니고 졸게 만드는 어두움의 세력들이 있습니다. 망상을 갖게 하고 다른 생각을 하게 하는 어두움의 세력들이 있다는 것을 알아야 합니다. 여러분이 맡은 배역, 그 순간의 일들을 못하게 방해하는 사탄의 장난에 말려 들어가는 수가 있습니다.

모세가 한 기도는 청중을 향한 것만 아니고 하나님을 향한 기도이기도 합니다. 우리는 모든 기도가 하나님께만 간다고 생각하는데 오늘 민수기 16장을 보면 기도는 하늘을 향해서도 가지만 동시에 우리 앞에 있는 사랑하는 성도들을 향해서도 간다는 것을 꼭 기억해야 합니다.

우리의 기도가 하나님과 나 사이로 한정된 것이 아닙니다. 우리의 기도는 하나님과 사랑하는 성도들과의 삼각관계입니다. "주여 이루소서." 할 때 하나님과 나 사이만 이루어지는 것이 아닙니다. 우리의 사랑하는 성도들에게도, 사랑하는 교우들에게도 그대로 같이 이루어집니다.

민수기 16장에 나오는 이 사건은 우리가 너무나 잘 아는 역사이지만 창조적 기도를 설명하기 위해 징검다리처럼 건너뛰기를 하고자 합니다. 고라, 다단, 아비람 그리고 백성이 모세와 아론에게 대항을 합니다. "우리도 하나님의 거룩함을 받은 사람들이고, 우리도 하나님의 은총을 받은 사람들인데 너희만 하나님 여호와를 만나고 너희만 그분에게 무엇을 받아서 우리에게 매일 명령을 하느냐. 너나 나나 같은 입장 아닌가? 어찌 너희들이 우리들의 머리 위에 서서 왕 노릇을 하려고 하느냐." 그렇게 대듭니다. 다시 말하면 하나님과 인간 사이에 주신 위계질서를 그 사람들이 깨뜨리려 합니다. 하나님의 세계나 인간의 세계나 위계질서가 있습니다. 그 위계질서를 깨뜨릴 때 하나님께서 어떻게 하시는지 그것을 단순히 보여주기도 하는데 우리에게 주시는 교훈은 위계질서에 대한 것만이 아닙니다. 하나님의 명을 받고 명령을 이행 할 때 그 명령에 저항하거나 또는 반역하는 자들이 어떻게 되는지를 우리에게 보여줍니다.

그들이 모세에게 와서 대항을 하자 모세는 "그럼 우리 여호와 하나님 그분께 물어보자. 그분이 내게 명령해서 하는 것이니 여호와 하나님 그분을 찾아가 보자. 아침에 너희들은 각자 향로를 가지고 거기에 숯불을 놓고 그 위에 향을 가지고 밖에 서라. 아론과 나도 서리라. 하나님 앞에 너희들과 같은 무리 중에 거룩한 자라고 선발된 250명도 같이 세우라. 그리고 하나님이 누구를 선택하는지 보자."고 합니다. 다음날 아침에 그들은 똑같이 향로를 들고 섰습니다.

우리가 하나님께 가까이 갈 때 조심해야 할 것이 있습니다. 내가 하나님의 일을 하면서도 내 속에 불만이나 불평이나 꺼림이 있어서는 안 된다는 것입니다.

옛날에 밥을 할 때 도정 공장에서 덜 벗겨진 그런 쌀이 있었지요? 그걸 '뉘'라고 합니다. 또 돌도 있었습니다. 그래서 옛날에는 밥을 먹을 때 껍데기가 덜 벗겨진 나락을 주워 내고 씹다가 돌 씹고 이빨 깨지기도 하고 돌을 삼켜서 내장이 고장 나기도 한 일이 있습니다. 이것은 하나님께 가까이 갈 때, 하나님의 사역을 할 때 그 안에 조금이라도 불순한 생각이 있을 때는 아주 어려워진다는 것입니다.

하나님께서 우리에게 말씀하십니다. “ ‘여호와께 거룩’ 이라는, ‘여호와께 성결’ 이라는 머리띠를 띠고 너희가 제사를 지낼 때 너희 제사를 내가 받아 주리라.” 그렇게 성경에 기록이 되어 있습니다. 하나님께 거룩하냐, 하나님께 순결하냐, 성결하냐, 그것이 제사의 전제 조건이라는 것입니다. 그 전제 조건이 충족이 안 되면 우리의 제사는 열납되지 않습니다.

하나님께서 모세에게 “너희는 이 자리에서 물러서라. 내가 한순간에 저희들을 쓸어버리리라.”고 하십니다. 그때 모세가 “육체의 하나님, 생명의 하나님! 한 사람이 잘못했다고 저 많은 사람들을 다 죽이시겠습니까?” 그렇게 하나님께 대듭니다. 우리의 기도 속에 사심이 없을 때 그 기도에 생명이 있습니다. 우리의 기도에 내 개인의 생각이 하나도 들어가 있지 않고 내 개인의 이해타산이 없을 때 우리의 기도는 힘이 있습니다.

이제 어떻게 새로운 기도를 창조해 가는가? 내일은 어떻게 새로운 기도를 창조해 갈 것인가? 그것을 찾아냅니다. 그 다음 26절에 가보면 하나님께서 자신의 역사하심에 우리들이 거역할 때 그 거역하는 것을 어떻게 처리하는 것을 보여줍니다. 모세를 다단과 아비람의 천막으로 보냅니다. 하나님께서는 모든 사람에게 기회를 주십니다. 기회를 주되 그가 그 기회를 자기 것으로 잘못 활용했을 경우에 한 번 더 기회를 주시는 것 같습니다.

그리고 하나님께서 무엇을 하라고 하실 때 그 말씀한 뒤편에서 하나님께서는 모든 것을 준비해 놓고 계십니다. 그런데 우리가 "하나님 이것은 내가 하기에 힘이 드니 이렇게 해 주십시오." 하고 타협합니다. 100% 하라는 것을 80%만 하겠다고 20% 타협해 갈 때 하나님은 그 타협을 들어줍니다. 그러면서 그분이 우리를 위하여 준비하신 것 중에서 20%는 떼어 버립니다. 우리가 하늘 문의 20%를 닫아버리는 것입니다.

"그래도 안 되겠네요. 하나님 나 이거 다 못하겠으니 절반만 한다."고 하면 하나님께서는 "절반만 하라."고 합니다. 내가 절반하자고 할 때 하나님은 아니야 전체를 다하라고 하시지 않고 내가 절반하겠다고 타협하는 대로 들어주십니다. 네가 절반하고 싶으냐? 그럼 절반 해. 그러시면서 하나님은 옆에서 그를 위하여 하고 계시는 일 100%에서 절반을 떼버리고 50%만 진행을 시키는 것을 봤습니다.

우리가 하나님을 위해서 하는 부분은 지극히 적은 일들입니다. 그러나 우리 뒤에서 우리를 위해서 하나님께서 하시는 그 일은 엄청난 일입니다. 우리가 생각할 수 없는 그런 일을 하나님은 우리 뒤에서 하십니다. 그런데 그것을 우리는 단순히 힘들다고 해서 좀 줄여 달라고 타협할 때마다 하나님께서는 자신이 하시는 일을 자꾸 줄여 가시는 것을 봤습니다.

그것을 안다면, 눈으로 확실히 보고 분명히 체험을 했다면 저는 다시는 하나님께 타협을 하지 않을 것입니다. 그 타협이 자신에게 얼마나 큰 손해인가를 알기 때문입니다.

바로 창조적 기도의 한 부분은 하나님과 타협하지 말라는 것입니다. 무엇이든지 우리 영의 마음이 생각하는 대로, 하라는 대로 하십시오. 내 환경과 여건이, 내 힘과 내 능력이 부족해서 "이건 안 돼요, 이건 안 돼요."라고 할 때마다 하나님은 우리에게 주시고자 하는 어떤 하늘의 신비한 역사들이나 하나님께서 내게 주시고자 하는 어떤 실체들을 하나님께서 깎아 내려갑니다.

집을 짓습니다. 집을 지으려면 통째로 100% 집을 지어야 하는데 우리가 50%만 짓겠다고 해서 절반만 지은 집에서 살게 된다면 제대로 살수 있을까요? 집을 절반 잘라 놓으면 절반은 벽이고 절반은 비어 비바람이 다 들어올 것입니다. 이것은 어리석은 자가 지은 불량주택일 뿐입니다. 아무도 이 집에서는 살 수 없습니다.

새로운 방법으로 응답하심

이제 핵심으로 들어갑니다. 회중들에게 그리고 하나님께 모세는 기도합니다. 무리들이 일반 사람들이 죽는 것처럼 죽으면 하나님께서 아론과 나를 선택했다는 징표가 안 될 것입니다. 그들이 당하는 재난이 일반 사람이 당하는 재난과 같은 경우에는 똑같이 당했는데 어째서 너만 하나님이 선택했느냐는 말을 들을 수 있다는 것입니다.

그래서 모세가 멋진 기도를 만들어 냅니다. 30절입니다.

"하나님 새 일을 행하소서. 새 일을 행하소서."

얼마나 멋진 기도입니까?

"하나님! 내가 기도의 자리에 앉을 때마다 지금까지 내 기도에 응답하셨던 것으로 응답하지 마시고 새 일을 행하소서. 지금까지 내게 해주신 모든 것 다 감사합니다. 그러나 지금까지 했던 그대로 응답하시면 다른 사람에게 응답해 준 것과 내게 응답해 준 것과 똑같은 것이 아닙니까? 어저께 내 기도에 응답해 주신 것이나 오늘 내 기도에 응답해 주신 것이나 똑같은 것이 아닙니까? 오늘은 새로운 것으로, 새로운 방법으로 내게 응답해 주십시오.”

그러면 얼마나 큰 역사가 일어나겠습니까?

“새 일을 행하사.” 이 말의 원문을 보면 “새 것을 창조함이라.”라고 되어 있습니다. 우리가 매번 기도할 때마다 새로운 것을 창조하지 않는 한 우리의 기도는 헛 기도가 됩니다.

우리는 새 일을 행하는, 새 일이 이루어지는 기도를 해야 합니다. 하나님은 우리가 그분에 마음에 맞는 기도 하는 그 순간에 하늘에서 이미 결판을 내립니다. 하나님은 “두고 보자.” 하지 않으시고 그 순간순간 결판을 내려줍니다. 그런데 우리가 하나 착각하는 것이 있습니다. 우리가 오이를 심으면 두세 달 만에 열매를 땁니다. 그런데 사과나무를 심으면 어떻습니까? 하나님이 우리에게 역사하실 때 오이를 심는 역사를 하실 수도 있고, 사과나무를 심는 역사를 하실 수도 있고, 일 년 만에 거두는 벼를 심는 그런 역사를 하실 수도 있고 무를 심는, 배추를 심어 삼사개월만에 결실을 거두는 역사를 하실 수도 있습니다.

그런데 우리는 생각하기를 어느 사람이 오이를 두 달 만에 받았다고 하면 사과 주기로 작정한 하나님에게 두 달 만에 사과 안 준다고, ‘하나님 죽었습니까? 살았습니까?’ 그렇게 따집니다. “하나님 저 사람은 좋아서 들어주시고 나는 미운털이 박혀서 안 들어줌니까?” 그때 하나님이 뭐라고 그러실까요? “철 좀 들어라.” 그러실 것입니다.

하나님께서 우리에게 역사하시는 것을 봅니다. 우리의 기도가 그분에게 상달될 때 그분은 그 순간 “네 기도 그대로 내가 심으마.” 하십니다. “네 기도 그대로 내가 자라게 하마.” 하십니다. 너는 잠잘지라도, 너는 쉴지라도 나는 쉬지 않고 네 기도 싹트게 하고, 자라게 하고, 꽃피게 하고 열매 맺게 한다고 하십니다. 우리가 일단 기도를 심으면 그분은 그렇게 계속해서 역사하십니다. 얼마나 신실한 분이신지 모릅니다.

모세가 고라, 다단, 아비람 같은 자신을 거역하는 무리들의 징계를 간구하는 기도를 한 후에 백성을 향하여 말합니다. “내가 하나님께 기도하는데 저들의 죽음이 지금까지 같은 죽음이 아닌 또 다른 특별한 죽음을 죽게 되리라. 그때 너희들은 인정하게 될 것이다.” 그렇게 확신 있게 말을 합니다. 우리의 창조적 기도에는 의심이 있어서는 안 됩니다. 순수함 100%입니다. 내가 가지고 있는 카드가 가짜 카드일 경우에는 카운터에 제시하면서도 도망가고 싶겠지요? 그러나 내가 가지고 있는 카드가 진짜 카드일 경우에는 카운터 앞에 서 있는 우리의 자세가 얼마나 당당합니까?

바로 우리의 기도가 그렇습니다. 우리의 기도가 가짜가 아닐 경우에 당당하고 떳떳하게 나갈 수 있는 것입니다.

모세의 기도는 하나님을 거역한 저들의 행위가, 그 결과가 보통 사람들이 죽는 그런 징계와 같아서는 안 되고 특별하게 땅을 갈라서 그들이 그 안에 묻히게 해 달라는 것입니다. 지금까지 하나님께 서 범죄자들을 땅을 갈라서 죽인 일은 한 번도 없었습니다.

모세는 새로운 기도를 창조합니다. 땅을 갈라서 그들이 그 속으로 한순간에 매몰되게 하십시오. 땅속으로 묻히게 해 달라는 기도입니다. 그 기도는 지금까지 모세가 하던 기도가 아닙니다. 왜, 모세가 이런 기도를 할 수 있었던가? 그것은 그와 하나님 사이에 하나님은 내가 간구한 대로 무엇이든지 해주실 수 있다는 그런 강한 신뢰가 그 속에 있기 때문입니다. 반석 같은 믿음입니다.

그러자 어떤 일이 일어납니까? 백성을 향하여 그가 선언한 그 말이 끝나는 순간에 성경에 기록된 그대로 땅이 갈라지고 한순간에 고라, 다단, 아비람이 그대로 땅속으로 들어갑니다. 그리고 성경에 기록된 그대로 고라 그의 가족과 그의 부속물과 그가 가지고 있는 모든 소유물들이 다 땅속으로 한순간에 쏟아져 들어갑니다.

그리고 하나님은 향로를 들고 서 있던 250명의 총회에게 찾아갑니다. 성경에 기록된 그대로 하나님으로부터 불이 나와서 향료를 들고 서 있는 250명 모두를 불태워 죽였다고 했습니다.

하나님의 기도가 되게 하라

이제 창조의 기도가 우리와 어떤 관계가 있는 것인지 그 자리에 들어갑니다.

바로 우리에게 기도할 수 있는 강한 어떤 동기를 주는 것입니다. "하나님 오늘 내 기도에 새 역사를 창조하옵소서. 새 일을 창조하옵소서. 새 것을 내게 허락하옵소서." 순간순간마다 지금까지 기도했던 그 기도에서 완전히 탈바꿈을 해야 합니다. 지금까지 기도했던 그 자리에서 한 단계 더 올라서야 합니다. 백 계단을 올라갈 때 내가 50번째 계단에 가 있을지라도, 절반까지 올라가 있어도 참 높은 자리에 올라가 있습니다. 그러나 50번째 계단에 서 있는 사람은 100번째 계단에 올라갈 수 없습니다. 51번째 계단 올라가는 사람은 50번째 계단은 무시하고 올라가야 합니다. 뒤 돌아보지 말고 올라가야 합니다.

매 순간 기도할 때마다 이전에 했던 기도를 잊어버리십시오. 50번째 계단에서 발을 떼지 못하는 사람은 51번째 계단에 올라갈 수가 없고 52번째 계단, 53번째 계단에 올라갈 수가 없습니다. 내가 전에 기도했던 것, 내가 어제 기도했던 것, 내가 한 시간 전에 기도했던 것, 거기서 떠나십시오. 전에 기도했던 것은 이미 하나님이 들으시고 그대로 이루어 주실 것을 믿고 떠나십시오. 그리고 다른 51번째 계단의 자리에서 또다시 새로운 기도를 합니다. 52번째 계단의 자리에서 또다시 새로운 기도를 합니다.

그 새로운 기도가 무엇입니까? 하나님과 나 사이에 새로운 영으로 기도합니다. 어저께 내가 가지고 있던 것, 한 시간 전에 내가 가지고 있던 그 영으로 기도하는 것이 아니라 새로운 영으로 우리는 기도해야 하는 것입니다.

이것을 우리는 창조적 기도라고 말합니다. 새로운 영으로 기도할 때 우리에게 가까이 오시는 하나의 선물이 있습니다. 창조적 기도를 하는 사람에게는 "내가 네게 새 일을 행하리라."는 역사가 일어납니다. 바로 이것이 창조적 기도 자리에 들어가서 창조의 기도, 살아 있는 기도를 하는 그에게 주시는 하나님의 응답입니다. 내가 뭐가 있어서 되는 것이 아닙니다. 그분이 되게 해 주신다는 것입니다. 모세가 땅을 갈랐습니까? 모세는 기도만 했을 뿐입니다. 백성들 앞에 선포했을 뿐입니다. 그 선포가 끝난 순간에 하나님은 그가 기도한 그대로 새 일을 그 순간에 행하여 주셨습니다. 땅이 갈라졌습니다.

이 역사가 모세에게만 해당되는 것이 아닙니다. 바로 모세에게 보였던 이 역사는 오늘 나를 위하여 그분께서 모세를 세우고 아론을 세우고 그 다음 고라, 다단, 아비람 그들을 세워서 나에게 가르쳐주시는 것입니다. 네 주위에 너를 방해하고 너를 못살게 하고, 너를 모함하고, 너를 해하려 하는 그런 무리가 많이 있을지라도 모세처럼 그들을 데리고 여호와 앞으로 나가라는 것입니다.

하나님께서 우리를 향하십니다. "너희가 담대하게 그들을 세워 놓고 내게 새로운 영으로 기도하면, 너를 위해 새 일을 창조하리라."고 하십니다.

믿고 신실하게 기도하는 그 사람에게 하나님께서 그 순간 그대로 해줍니다. 멋지게 해주십니다. 꿈을 꾸십시오. 꿈꾼 그대로 되어갑니다.

허상을 가지라는 것이 아닙니다. 망상을 가지라는 것이 아닙니다. 기도한 것은 그대로 이루어진다는 것입니다. 그 기도가 살아 있는 기도이기 때문입니다. 그 기도가 생명의 기도이고 살아있는 영의 기도이기 때문입니다. 그 기도가 살아 있는 하나님을 향한 기도이고 살아 있는 하나님이 그에게 약속한 기도이기 때문입니다.

"너는 내게 와서 부르짖으라. 내가 네게 응답하겠다. 너는 내게 살아 있는 생명으로 와라. 내가 생명으로 네게 응답하겠다."는 것이 하나님의 약속입니다.

창조적 기도에는 핵심이 있습니다. 하나님과 우리 사이에 있는 생명과 생명의 호흡입니다. 생명과 생명의 호흡이 있을 때 하나님의 호흡이 우리의 호흡이 됩니다. 우리의 기도가 하나님의 기도가 됩니다.

우리의 기도가 우리의 열정으로 하는 기도가 되어 우리의 기도로 끝날 때 우리의 기도는 허공으로 나갑니다. 우리의 기도가 하나님의 기도가 되게 해야 합니다. 우리의 기도가 하나님의 기도가 될 때 하나님 자신의 기도를 하나님 자신이 들어주시지 않겠습니까?

하나님의 기도가 된다는 말은 하나님께서 원하시는 그 기도를 우리가 하나님 대신에 한다는 것입니다. 하나님 대신에 하나님의 기도를 우리가 할 때 우리의 기도는 하나님의 기도가 되겠고 우리의 기도를 들으시는 하나님 그분은 자신의 기도를 우리가 하니까 우리의 기도를 그분이 응답해 주신다는 것입니다.

이것이 바로 하나님과 우리의 멋진 기도가 됩니다. 이 멋진 기도를 한마디로 말하면 바로 창조적 기도입니다. 하나님 그분은 순간순간마다 창조해 가시는 분입니다. 매 순간순간 하나님의 창조를 우리는 우리에게 보여주시는 그대로 만들어가야 합니다.

하나님께서 내게 주신 귀한 선물을 내것으로 만드는 지혜자가 되어야 합니다.

제4장

하나님과 동행하는 기쁨

생명을 걸고 하는 기도

모든 것을 내려놓으라

하나님이 나에게 오시도록 하라

내가 친히 가리라

은혜를 입은 사람

모세가 여호와께 아뢰되 보시옵소서 주께서 내게 이 백성을 인도하여 올라가라 하시면서 나와 함께 보낼 자를 내게 지시하지 아니하시나이다 주께서 전에 말씀하시기를 나는 이름으로도 너를 알고 너도 내 앞에 은총을 입었다 하셨사온즉 내가 참으로 주의 목전에 은총을 입었사오면 원하건대 주의 길을 내게 보이사 내게 주를 알리시고 나로 주의 목전에 은총을 입게 하시며 이 족속을 주의 백성으로 여기소서 여호와께서 이르시되 내가 친히 가리라 내가 너를 쉬게 하리라 모세가 여호와께 아뢰되 주께서 친히 가지 아니하시려거든 우리를 이 곳에서 올려 보내지 마옵소서 나와 주의 백성이 주의 목전에 은총 입은 줄을 무엇으로 알리이까 주께서 우리와 함께 행하심으로 나와 주의 백성을 천하 만민 중에 구별하심이 아니니이까 여호와께서 모세에게 이르시되 네가 말하는 이 일도 내가 하리니 너는 내 목전에 은총을 입었고 내가 이름으로도 너를 앎이니라 모세가 이르되 원하건대 주의 영광을 내게 보이소서 여호와께서 이르시되 내가 내 모든 선한 것을 네 앞으로 지나가게 하고 여호와의 이름을 네 앞에 선포하리라 나는 은혜 베풀 자에게 은혜를 베풀고 긍휼히 여길 자에게 긍휼을 베푸느니라 (출33:12-19)

생명을 걸고 하는 기도

우리의 육체로 영의 기도에 들어간다는 것은 거짓말입니다. 못 들어갑니다. 육체가 할 수 있는 것은 육체의 기도뿐이고 마음이 들어갈 수 있는 것은 마음의 기도, 혼의 기도뿐입니다. 그 이상은 더 못 들어갑니다. 영의 기도, 즉 영의 세계는 영만이 들어갈 수 있습니다. 마치 정밀한 장치가 된 문은 키보드를 누르고 ID카드가 지나가야 열리는 것과 같습니다. 영의 세계의 문도 육체의 기도나 혼(지성·이성·감성)의 기도로는 열리지 않습니다.

'마음의 기도' 라는 것은 동방정교에서 이야기하는 마음의 기도와는 다른 것입니다. 동방정교에서 이야기하는 마음의 기도는 영혼의 기도를 말합니다. 그런데 그것도 다른 것들이 다 지나고 난 다음에 진행이 됩니다.

성경을 오랫 동안 가까이 하다 보면 우연히 지나가다가 여러 가지 보물을 발견하게 됩니다. 그런데 애초부터 보물을 찾으려고 눈을 부릅뜨고 가는 사람과 그냥 지나가다가 보물을 발견하는 사람과는 많은 차이가 있습니다. 성경적으로 살고자 할 때 우리는 보물을 찾기 위해 눈이 뚫어지게 탐색을 하게 됩니다. 우리는 지금 여호와의 광산에서 광맥을 캐는 것처럼 하나님의 말씀 동산에서 광맥을 캐는 것입니다. 광맥을 캐기 위해서 하나님의 동산을 샅샅이 탐색하는 것입니다. 지금은 창조적 기도에 대한 광맥을 찾는 시간입니다.

출애굽기 33장이라는 광맥을 주제로 이야기합니다.

하나님의 광산은 여러곳에 많이 널려 있습니다. 우리가 자손만대로 파고 파도 끝없이 팔 수가 있습니다. 그 넓은 범위 중에서 출애굽기33장 12-19절이라는 미미한 범위에서만 우리가 바깥 입구의 광산 탐색을 시작하고자 합니다.

본문 말씀에서 모세가 광맥을 찾아갑니다. 모세가 이 부분에서 광맥을 찾아가면서 한 말이 있습니다.

32장 앞부분에 보면 하나님께서 모세에게 "오라. 내게 꿇어 엎드려 침묵의 40일을 보내라. 그리고 난 다음에 내가 네게 주는 나의 마음을, 나의 율례를 가지고 가라."고 말씀하십니다. 그래서 모세는 시내산에서 하나님의 계명을 받아서 백성들에게 옵니다. 그런데 돌판을 들고 내려와 보니 이 백성들이 금송아지를 만들어 놓고 야단법석입니다.

"하나님께서는 우리를 그분이 약속하신 그 땅으로 이끌어가기 위한 길을 닦아 나가시는데 이들은 여기서 먹고 놀고 춤추고 향락에 빠져 있으니 하나님의 마음과 이 백성의 마음이 얼마나 다른지 모릅니다."

모세는 분노하여 돌판을 던집니다. 금송아지를 깨뜨리고, 그것을 갈아 금을 탄 물을 먹으라고 명한 후에 백성들에게 여호와의 편에 선 사람은 다 오라고 합니다. 레위 지파가 그쪽으로 다 모입니다. 그러자 모세는 그들에게 칼을 들고 진영을 왔다 갔다 하면서 다 찔러 죽이라고 말합니다.

하나님의 편에 선 자와 금송아지 편에 선 자를 나누고 금송아지 편에 선 자들을 다 칼로써 죽이라고 명합니다. 그 날에 죽은 자가 3천명이 된다고 기록하고 있습니다.

예수께서는 "내가 이 세상에 칼을 주러 왔다고 하셨습니다." 칼을 주러 왔다는 것은 하나님 앞에서 악을 제거하라는 것입니다. 그런 일이 일어나고 난 다음에 모세는 기도하러 갑니다. 광야의 모래 바닥에 흐르는 죄악의 피를 뒤로 하고 하나님을 향해 돌아섭니다. 이제부터 모세의 창조적 기도가 진행이 됩니다. 모세는 단단히 각오를 하고 하나님 앞에 나아갑니다. 모세는 "백성들의 죄를 사하지 않으시려거든 당신의 생명책은 기록된 자신의 이름을 지워 달라."고 간청합니다.

예수님은 "너희가 기사와 이적을 일으키고 너희 앞에 사탄 귀신 잡것들이 쫓겨 가고, 어떤 사건이 일어난다고 기뻐하지 말고 너희 이름이 하늘 생명책에 기록된 것을 기뻐하라."고 하셨습니다. 신비한 능력과 기적과 이적, 그런 것들은 아무것도 아니라고 했습니다. 그런 것들은 본질적인 것이 아니라는 것입니다. 예수님께서 귀히 여기시는 것은 우리의 이름이 생명책에 기록되는 것입니다.

이렇게 가장 귀한 것을 모세는 앞에 내놓고 하나님 옷자락을 붙잡고 늘어집니다. 모세의 기도는 자신의 목숨을 담보로 하는 기도입니다. 생명록에 자신의 이름이 지워지는 것을 담보로 하는 기도입니다. 당신의 백성들에게 말씀을 받을 수 있는 기회를 다시 한 번 달라고 떼쓰는 것입니다.

우리의 기도가 모세의 기도와 같은 것이 아니라면 하나님의 기적을 부를 수가 없습니다. 그냥 와서 내 처지가 이러하니 주님께 도와달라고 눈물 몇 방울 떨어뜨려서는 기적을 일으킬 수 없습니다. '기도했으니까 하나님이 도와주시겠지.' 하고 막연하게 기대한들 하나님의 역사는 일어나지 않습니다.

모세가 어떻게 기도했는지 주목하여 보십시오. 하늘 생명책에서 자신의 이름을 지워 달라고까지 하며 매달렸습니다. 죽어도 좋다고 목숨 걸고 하는 기도였습니다. "하나님! 이것이 내 마지막 기도가 되게 하옵소서. 내 이름을 지우시고 내 영원한 생명을 제거하십시오."

내 육체의 생명을 제거하라는 것이 아닙니다. 내 영원한 생명을 지우라는 것입니다. 그것을 담보로 내놓고 기도하니 하나님도 져주시는 것입니다.

모든 것을 내려놓으라

기도는 마치 전쟁터와 같습니다. 그런데 하나님께 이것저것 아뢰는 기도는 기저귀 찬 아이들이 방에서 노는 기도와 같은 것입니다. 창조적 기도와 영의 성숙을 나누는 자리에 있는 분들은 기저귀 차고 앉아 있는 사람들이 아닙니다. 우리는 지금 그런 기도를 이야기하는 것이 아닙니다. 생명을 걸고 하는 기도를 말합니다.

내가 생명을 걸고 기도하면 확신이 옵니다. 하나님께서 내게 약속 하신 것이 있습니다. 그 언약이 무엇입니까? 젖과 꿀이 흐르는 땅으로 인도하겠다고 언약하셨습니다. 그 언약을 붙잡고 기도하면 들어 주십니다. 하나님은 변개치 않는 분이시기 때문입니다.

하나님께서 말씀하신 대로 내게 해달라고 매달립니다. 거기에 내 생명을 바닥에 깔아 놓습니다. 그러고 난 다음에 하나님께 우리는 그분의 자비를 구하게 됩니다. 하나님의 은총으로, 하나님의 은혜로 내 기도가 이루어지게 하옵소서.

내가 간구하는 것이 힘이 있고 능력이 있고, 감격적이고 애절하고, 금식하고 단식하고, 화장실에도 가지 않고 가슴을 치며 기도해서 가슴이 멍이 들어도 우리 하나님께서는 보시지 않습니다.

하나님께서는 우리가 마음을 찢었는지를 보십니다. 우리의 목숨을 내놓았는가, 생명책에서 목숨이 제거되어도 좋다는 각오로 왔는가를 보십니다.

백성들의 우상 숭배에 격노하여 모세가 하나님께 받은 십계명 돌판을 깨버렸습니다. 그것을 깨버렸으니 야단이 났습니다. 하나님께 다시 달라고 해야 할 텐데 뭔가 하나님 앞에 확신이 있어야 될 것 아닙니까? 어떤 확신입니까? 나의 기도를 그분께서 받으셨다는 그런 확신입니다. 담대함이 있어야 합니다. 다시 말하면, 하나님과 대면할 수 있는 준비가 내 속에 있어야 한다는 것입니다.

창조적 기도는 그냥 가서 무턱 대고 기도하는 것이 아니고, 하나님께서 역사하실 수 있는 준비를 내 안에 갖추는 것입니다. "하나님! 내 목숨 내놓습니다. 저의 백성이 아니요 당신 백성입니다. 그들의 죄를 사하여 주옵소서. 그들의 죄를 사해 주시고 십계명을 한 번 더 주십시오." 그렇게 모세가 기도를 합니다.

그러자 33장 12절 앞 절에 보면, 하나님께서 모세에게 말씀하십니다. "십계명 돌판을 다시 주고 가나안까지 들어가는 길은 내가 안내하겠다. 그러나 너희들은 목이 곧은 백성이라 목이 곧은 너희하고는 같이 가지 않을 것이다." 이 말씀을 들은 모세는 앞이 캄캄

했습니다.

하나님께서 모세에게 가라고 하시면서 동행을 하지 않겠다고 하십니다. 그 이유는 백성들의 패역한 모습을 보고 진노하셔서 그들을 죽이게 될까 봐, 그들의 곧은 목을 보고 즉시 그 자리에서 죽이실까 봐 그것을 염려하시는 것입니다.

하나님께서는 우리와 동행하기를 원하십니다. 그러나 하나님이 우리와 동행하실 때 우리가 교만한 자리에 있거나 헛된 우상을 숭배한다면 그것이 하나님 보기에는 역겨운 것입니다. 하나님께서는 그런 우리와 동행하려고 하지 않으십니다.

우리의 신앙생활에서도 하나님께서 혹시 그렇게 말씀하고 있지는 않습니까? "내가 너에게 목회의 길은 열어주고 너와 동행하려고 하였다. 그러나 내가 너와 같이 갈 수는 없다. 왜냐하면 네가 내 앞에 죽음을 가지고 있기 때문이다. 내가 널 죽일 수는 없지 않느냐?"

혹시 하나님 앞에 우리의 교만함과 여러 인간적인 요소들은 없습니까? 그러한 것들이 바로 하나님께서 우리와 함께 동행하지 않으시려는 이유입니다. 그분이 우리에게서 물러서는 이유들입니다. 그래서 모세와 하나님 사이에 무슨 일이 일어납니까? 하나의 거래가 일어납니다. 하나님께서는 모든 백성에게서 그들의 단장품을 모두 제거하라고 명하십니다. 모세는 순종하여 백성들에게 그들이 아끼는 모든 단장품을 제거하도록 명합니다. 귀고리, 코걸이, 목걸이, 금반지, 팔찌 모두 제거하게 합니다. 그러자 하나님께서는 그러면 함께 가시겠다고 약속하십니다. 그래서 시내산에서부터 이스라엘 백성들은 그들이 가지고 있는 모든 단장품을 다 제거합니다.

오늘 이 시간, 하나님 앞에 우리가 가진 단장품들은 다 내려놓아야 합니다. 그것이 무엇인지 저는 잘 모릅니다. 다 내려놓으십시오. 다 제거하십시오. 그것을 제거하지 않는 한 하나님께서 약속하신 그 약속의 땅으로 갈 수 없습니다. 그것을 가지고 있으면 반드시 죽게 됩니다. 하나님께서는 모세와 약속하십니다. 모든 단장품을 다 제거하게 하면 다시 동행하시겠다고 말씀하십니다.

창조적 기도에서는 기도의 은사나 능력에 대한 영적 교만을 다 제거해야 합니다. 나는 떴다 봤다 한다고, 나는 기도하면 붕 떠가지고 천리안이 되어 천리 밖에 일도 다 안다고…. 이런 교만들은 다 내려놓으십시오.

나는 박사학위가 몇 개이고, 나는 지식이 있고, 나는 책을 얼마나 보았고, 나는 좋은 대학을 나왔고…. 이런 것들도 다 내려놓으십시오. 그것은 배설물만도 못한 쓰레기들입니다.

그 다음으로는 육체적으로 하는 것들, 내 힘과 능력으로 무엇인가를 한다고 하는 것들을 다 내려놓으십시오. 그것은 하나님 보시기에 다 거추장스러운 단장품일 뿐입니다. 인간이 내세울 수 있는 모든 단장품을 다 제거해야 합니다.

하나님이 나에게 오시도록 하라

이제 33장 12절부터는 하나님의 창조적 기도가 시작됩니다.

주께서 전에 이렇게 말씀하셨습니다. "나는 이름으로도 너를 알고 너도 내 앞에 은총을 입었다." 그러자 모세가 말합니다. "내가 주의 은총을 입었사오면 주의 길을 내게 보이시고 이 족속을 주의 백성으로 여기소서."

여러분들 중에 하나님 은혜 안 받은 분이 있습니까? 하나님의 선택 안 받은 분이 있습니까? 다 부름 받았고 다 선택 받았습니다. 심지어 어떤 사람에게는 어미 뱃속에서 태어나기 전에 하나님이 그를 다 안다고 했습니다. 그 몸이 어미 뱃속에서 창조되는 그 모든 과정을 다 안다고 했습니다.

하나님은 나를 아시는 분이십니다. 나를 선택하신 분이십니다. 내게 은혜를 분명히 주신다고 했습니다. 그러므로 "하나님! 약속

을 지키십시오."라고 담대하게 기도해야 하는 것입니다. 우물우물
하는 사람의 기도는 안 받으시고 담대하게 기도하는 사람의 기도
는 받으신다고 했습니다.

담대하게 기도한다는 것이 무엇입니까? 하나님 앞에 숨기는 것
이 하나도 없다는 것입니다. 하나님 앞에 100% 진실하다는 것입
니다. 하나님 앞에 그 어떤 단장품도, 즉 육·혼·영의 단장품을
하나도 가지고 있지 않다는 것입니다. 다시 말을 하면 내 자신이
지렁이만도 못하다는 것을, 벌거벗은 존재라는 것을 그대로 인정
하는 것입니다.

그때 비로소 하나님께서는 나를 보십니다. 나는 가진 것 하나도
없고 내게는 거짓이 없으니 들어 달라고 기도할 수 있고, 그럴 때
우리의 기도는 능력을 갖게 됩니다. 담대하게 외칠 수가 있습니다.
도둑이 파출소 앞에 가면 자기도 모르게 위축됩니다. 10년 전에 도
둑질한 것이 있어도 위축이 됩니다. 지난달에 도둑질 했으면 파출
소 앞을 아예 안 지나갑니다. 그런 사람은 기도의 자리에 오지 않
습니다. 그것이 잊힐 때가 되어야 기도를 시도합니다.

13절에서 모세는 "내가 참으로 주님 앞에 은총을 입었다면"이라
는 조건을 내세웁니다. 기억해 두십시오. 내가 참으로 주님 앞에
은총을 입었다면 어떻게 하라고 말입니까? "주님, 당신의 길을 내
게 보여 주십시오."라고 간구합니다.

내 앞길을 내게 보여 주시고 당신의 숨어 있는 그 길을 내게 보
여 달라고, 하늘의 영적 기상도를 내게 보여달라고 담대히 말합니

다. 인간적인 모든 단장품을 다 제거한 자는 그분 앞에서 당당히 말할 수 있습니다.

"당신이 나를 안다고 했지요. 당신이 날 뽑고 당신이 날 세우고, 당신이 내게 주신 곳으로 이끌어 간다고 했지요. 내게 당신의 길을 보여 주십시오. 내가 장님으로는 못 갑니다. 내게 길을 보이십시오."

하나님의 영광은 감추는 데 있고, 왕의 영광은 그것을 살펴 캐내는 데 있다고 했습니다. 그래서 모세는 왕의 영광을 스스로 찾고자 한 것입니다. "하나님 내 길을 보여 주십시오. 내 길 내놓으십시오. 하늘의 영적 기상도가, 하늘의 뜻이 어떻게 흘러가는가를 보여 주십시오."

내가 믿는 하나님을 나는 잘 압니다. 그런데 내가 믿는 하나님은 한계가 있습니다. 내가 아는 하나님은 한계가 있습니다. 내가 체험한 하나님은 한계가 있습니다. 그러나 하나님 스스로 내게 가까이 올 때는 한계가 없습니다. 그분은 모든 것의 알파와 오메가이십니다.

그래서 하나님 스스로 내게 밝히시고 나로 하여금 알 수 있게 해 달라고 기도해야 합니다. 내가 아는 하나님, 내가 경험한 하나님을 다 내려놓으십시오. 그리고 내가 모르는 것을 알려 달라고 하나님께 기도해야 합니다.

우리는 하나님 앞에 지혜로운 자가 되어야 합니다. 어린아이처럼 사탕이나 장난감을 구하는 자리에 있어서는 안 될 것입니다. 부모님은 자녀를 위하여 최선의 조건을 마련해 놓고 있다는 사실을 기억해야 합니다. 때로 아이를 위해 대학까지 보장하는 교육보험을 들어 놓기도 하는 것입니다. 가장 좋은 것을 자녀에게 주고자 하는 마음이 곧 부모의 마음입니다. 우리 하나님도 마찬가지입니다. 우리에게 신비스러운 비밀의 세계를 펼쳐 보이시기를 원하십니다.

신학교에서 하나님의 속성에 대하여 배웁니다. 많은 사람들이 하나님에 대하여 많이 연구하였습니다. 그러나 그 모든 지식들은 껍데기일 뿐입니다. 우리는 그 모든 것들을 다 내버리고 하나님께 무지한 자의 모습으로 나아가야 합니다. "하나님! 나는 아무 것도 모릅니다. 하나님을 내게 보이십시오. 하나님 자신을 내게 보여 주십시오."라고 기도할 때 하나님께서는 내게 가까이 다가오십니다.

하나님께서는 세 살짜리 아기에게는 세 살짜리 하나님으로 오시고, 열 살짜리 아이에게는 열 살짜리 하나님으로 오시고, 서른 살짜리 어른에게는 서른 살짜리 하나님으로 오십니다. 우리가 소화할 수 있는 범위 내에서 하나님께서는 그렇게 오십니다. 하나님이 백인들한테는 하얗게 오시고, 아프리카 사람들에게는 까맣게 오십니다. 영의 세계에서는 하나님은 영으로 오십니다. 그것이 하나님의 세계입니다.

우리는 하나님을 제한해서는 안 됩니다. 나의 하나님, 내게 역사하실 그분은 어떤 방편으로든지, 무엇을 하시든지 신비한 존재이십니다. 신비한 그 본체가 신비로움을 내게 주시는데, 우리는 그 속에 무엇이 있는지 모릅니다. 하나님께서는 당신이 주시고 싶은 대로 주십니다. 물론 내게 가장 좋은 것으로 주십니다. 우리는 하나님을 신학서적에 기록된 대로 제한해서는 안 됩니다. 하나님은 누구에게든 그가 소화할 수 있는 분량만큼의 은혜와 계시를 주십니다.

우리의 영이 자라면 자랄수록 하나님은 그만큼 비례해서 우리에게 보여주십니다. 하나님은 우리를 매우 잘 아시기 때문에 그 나이에 그가 소화할 수 있을 만큼 적합하게 나타내 주십니다. 또 우리의 영이 자라면 자랄수록 하나님은 그만큼의 분량을 우리에게 나타내 주십니다. 우리의 은사나 능력도 그것의 분량만큼 나타내는 것이지 그 이상은 불가능합니다. 그래서 육의 은사는 육의 은사로 자랍니다. 그러나 육의 은사는 결코 영의 은사에 근접하지 못합니다. 그것은 그것대로 한계가 있기 때문입니다. 영의 은사는 영의 은사대로 자랍니다. 육의 은사와 영의 은사는 가는 길이 다릅니다.

내가 친히 가리라

"하나님! 당신을 내게 보이십시오."라고 기도할 때 내가 하나님을 제한하는 그런 어리석음을 범하지 않게 되고 하나님의 무궁무진하심과 전지전능하심과 무소부재하심을 인정하게 됩니다. 우리는 하나님의 세계를 다 알 수 없습니다. 그러므로 "내게 나타내실 수 있는 것만 나타내 주십시오."라고 기도하는 것입니다. 그것이 바로 하나님께서 내게 주시는 말할 수 없는 은총입니다.

그 다음에는 "내가 당신 앞에 은혜를 입게 하십시오."라는 기도를 왜 하는지 생각해 보아야 합니다. 선택받은 자와 선택받지 않은 자는 분명 차이가 있습니다. 선택을 받지 않은 자는 하나님의 은혜의 자리에 올 수가 없습니다. 내가 하나님의 은혜로 선택을 받았다면 선택받지 않은 자들이 나를 보고 하나님의 은총을 받은 자라고, 그들이 스스로 알 수 있게 그 증표를 보여달라고 기도할 수 있습니다. "내게 은혜를 보여주십시오."라는 기도는 하나님을 안 믿는 사람들, 하나님께 선택받지 않은 사람들이 알 수 있도록, 하나님이 나와 함께하심을 알 수 있도록 그 징표를 내게 보여달라는 것입니다. 내가 하나님의 은혜를 받았다는 그 징표를 보여달라는 것입니다.

요셉은 특별히 하나님께 구하지도 않았는데, 요셉이 하나님의 택하신 자요, 하나님의 도움을 받고 있다는 사실을 만인이 알도록 해주셨습니다. 참으로 멋진 일입니다. 하나님께서는 당신이 선택한 자는 그의 은총을 알게 모르게 다 보여주십니다.

모세는 "이 백성들은 당신의 백성입니다."하고 고백합니다. 하나님께 던져버리는 것입니다. 모세가 끌고 가는 것이 아니고 하나님이 끌고 가는 것임을 인정하라는 것입니다.

우리 교회 교인들은 내가 끌고 갈 것이 아니고 하나님이 끌고 가신다고 하는 믿음입니다. 내 백성이 아닙니다. 목사님이 교인들을 낳았습니까? 초등학교, 중고등학교, 대학공부 시켜 주었습니까? 결혼시켜 주었습니까? 모세의 경우나 우리나 매한가지입니다. 교인들은 목사님의 자녀가 아닙니다. 그들은 하나님의 자녀입니다.

내 자녀, 우리 자녀, 우리 교인이라고 감싸고도는 목회자들은 문제가 있습니다. 하나님의 능력과 사랑과 은총을 제한하지 말아야 합니다. 그들의 주인은 하나님입니다. 그분의 자녀이고 그분의 백성이므로 내가 관리하는 것이 아니라 하나님이 관리하십니다.

"이 백성이 당신의 백성이요."하면서 하나님은 공의로우시고 지혜로우신 분이시라고 고백해야 합니다. 결국 하나님께서는 인정하십니다. "맞다. 그 백성은 네가 만든 것이 아니라 내가 요셉한테 70명을 주어서 고센 땅에서 자라게 했다. 그래서 막강한 대군을 만들게 했지, 그것은 네가 한 것이 아니라 내가 한 것이다. 내 백성이 맞아. 그리고 네가 이방 사람들에게 믿는 자의 은총을 알게 해달라고 간구한 것 맞다. 안해 주면 안 되겠지. 선택된 자와 선택받지 않은 자의 차이를 알게 해주어야지."

하나님께서 두 손을 들어 버립니다. 이 백성이 목이 곧아서 동행하지 않겠다고 하셨던 하나님께서 태도를 바꾸십니다. 하나님이 멋지게 나오십니다.

"내가 친히 가리라."

하나님께서는 친히 가시면 무슨 문제가 있습니까? 하나님이 친히 가시는데, 그분이 다 하시는데 문제 될 것이 하나도 없습니다.

"내가 친히 가리라."고 말씀하신 다음에 모세가 불안한 마음을 가질까 봐 "내가 네 마음도 편안하게 해주리라."고 약속하십니다. 이전에 하나님께서는 "내가 너와 동행하면, 목이 곧은 백성을 내가 죽일까 하노라."고 하신 그 말씀을 모세가 기억하고 있기에, 그의 마음에 불안이 있을까 봐 하나님께서는 그 불안을 싹 씻어주시기 위해서 "내가 너를 편안하게 하리라."고 말씀하신 것입니다.

하나님께 이러한 응답을 받아내는 기도는 어떤 기도입니까? 어떤 기도를 하시겠습니까? 입술로만 하시겠습니까? 실제로 하시겠습니까? 때가 왔을 때 놓치지 마십시오. 때가 왔을 때 잡으십시오.

오늘 우리는 모세를 통해서 창조적 기도의 모델을 봅니다. 그것은 모세가 우리에게 보여주는 것이 아니고, 하나님이 모세를 통해서 이렇게 창조적 기도의 모델을 보여 주신 것입니다. 이제 제시해 주었으니 어떻게 하겠습니까? 우리는 창조적 기도의 자리에 들어만 가면 됩니다. 지금까지 우리가 해 왔던 기도가 과연 어떤 기도인가를 생각해 보면 그것은 아마 내가 살기 위한 기도였을 것입니다.

그러나 창조적 기도의 출발은 내가 살기 위한 기도가 아니라 내가 죽기 위한 기도를 하는 것입니다. 모세가 또 한 번 다짐을 합니다. "하나님! 당신이 동행하지 않으면 우리로 하여금 당신이 축복을 주는 그곳에 가지 말게 하십시오." 그렇게 또 한번 다짐을 놓습니다.

하나님께서 나와 동행하시지 않으면 나는 목회 안할 것이라는 각오로 나아가야 합니다. 그러나 우리는 비록 하나님께서 동행하시지 않을지라도 나는 당신 목회할 것이라고 합니다. 하나님께서 나와 함께하시지 않을지라도, 성령께서 나와 함께하시지 않을지라도 나는 생명을 바쳐 당신 목회를 할 것이라고 말입니다.

우리의 고집이 곧 우리의 기도인 셈입니다. 그러나 모세는 그렇게 하지 않았습니다. 하나님이 동행하지 않으신다면 결코 가지 않겠다고 했습니다. 백성을 이끌지 않겠다고 했습니다. 당신의 백성이니 당신 마음대로 하라고 했습니다. 우리가 목회 사역을 할 때도 그렇습니다. 경고할 자는 경고하고 칭찬할 자는 칭찬하고 쓰다듬을 자는 쓰다듬어야 합니다.

은혜를 입은 사람

하나님께서 나와 동행한다는 것은 나의 일거수 일투족에 관여하신다는 것입니다. 앞에서 관여하시고 뒤에서 관여하시고, 낮에도 관여하시고 밤에도 관여하시고, 모든 일에 그분께서 관여하신다는 것입니다. 목사님들은 만약에 하나님이 관여하지 않으시면 목회를 접겠다는 그런 배짱이 필요합니다. 목회는 하나님의 일이기 때문입니다. 목회는 하나님의 이름을 나타내고, 예수 그리스도의 이름으로 하여금 구원을 얻게 하는 일입니다. 우리의 일이 아니요 하나님의 일입니다. 주인과 고용인의 관계를 분명히 해야 합니다.

제가 젊었을 때 이런 사람을 본 적 있습니다. 신입 사원인데 시험 관문을 뚫고 들어온 것을 보면 머리는 좀 있는 것 같았습니다. 그런데 이 사람이 자기 부서에 오전에 앉아 있다가 오후에는 괜히

남의 부서에 가서 기웃거리고 다닙니다. "야, 너는 네 할 일 해야지 남의 일에 왜 참견하나?" 그러면 "같은 회사 일인데, 뭐 어때요?"합니다. 그런 일이 계속 반복되다가 결국 그는 회사에서 내쫓김을 당했습니다. 자기 일을 하지 않고 타부서에 돌아다니는 사원은 그 회사에 적합지 못하여 퇴사 당하게 됩니다.

하나님께서 우리에게 하라고 하시는 것은 하나님의 일입니다. 하나님의 마음에 들게 일을 해야지 하나님의 마음에 안 들게 하고, 내 마음대로 하나님의 일을 하면 거추장스러운 인물이 되는 것입니다.

목회를 하는 분들도 하나님이 원하시는 방향으로, 그분이 기뻐하시는 방법으로 목회를 해야 합니다. 내 마음대로 목회를 하게 되면 하나님 눈 밖에 나서 퇴출을 당하게 됩니다.

우리가 하나님의 일을 할 때 하나님께 꼭 짚고 넘어가야 할 것이 있습니다. 그것은 우리가 하나님의 일을 할 때 믿지 않는 사람들이 과연 저 사람은 하나님의 사람이라고 인정할 수 있는 그런 표징을 보여 달라고 하는 것입니다.

하나님의 은총을 받은 자와 받지 않은 자의 차이를 내게 알려 달라고 기도해야 합니다. 즉, 하나님의 축복이 내게 임하고 계심을 남들이 알게 해달라는 것입니다. 그것이 우리 하나님의 마음을 움직이게 하고, 그것이 하나님의 역사를 새롭게 하고, 내 목회를 새롭게 하고, 내 사역에 힘과 능력과 용기와 지혜를 줍니다.

17절에 "네 말이 맞다. 내가 그렇게 하마."라고 하나님께서 말씀하실 때 모세는 딱 하나님 발목을 붙잡고 늘어집니다. "하나님! 내 앞에 지나가십시오. 하나님! 내게 나타나십시오. 나로 하여금 하나님을 보게 하시고 하나님을 알게 하십시오."라고 말합니다. 이 얼마나 진지한 기도입니까?

하나님께서 우리 앞에 나타나 내 앞을 지나갈 때 무슨 일이 일어날까? 그렇게되면 다 끝난 것입니다. 하나님 앞에 설 자가 누가 있습니까? 하나님 앞에 막힐 것이 무엇이 있습니까? 하나님께서는 그 배짱 있는 기도에 응답하시고 역사하십니다.

19절로 갑니다. "내가 내 모든 선한 것을 네가 서 있는 여기서 네 앞으로 지나가게 할 것이요, 여호와의 이름을 내가 네 앞에 선포하리라."

하나님의 이름을 선포할 하나님의 은혜의 능력 역사가 여기서 일어납니다. 그렇게 하시고 거기다가 하나님이 또 하나 덤으로 선물을 주십니다. "내가 어떤 존재인 줄 아느냐?"라는 말씀을 덧붙여 주십니다. 떡을 줄때는 그냥 떡만 주지않고 떡고물을 발라줍니다.

"나는 은혜 받을 만한 자에게 은혜를 주고, 긍휼을 입을 만한 자에게 긍휼을 준다."고 말씀하십니다. 이것이 바로 하나님이 주시는 떡고물입니다. 모세의 창조적 기도에 대한 하나님이 멋진 응답입니다.

이것은 우리가 창조적인 기도를 계속하면서 받을 수 있는 축복들이 무엇인가를 보여줍니다. 우리가 하나님의 은혜의 자리에 들어갈 때마다 그분의 은혜를 폭포수처럼 받게 될 것입니다.

궁휼의 자리에 우리가 들어 갈 때마다, 우리의 모든 죄를 사하시고 제하시고, 씻기시고 벗기시고, 일으켜 세우시고, 만지시고 치료하시고, 새롭게 하시는 하나님의 놀라운 은혜의 강물이 흐르게 됩니다. 이것이 바로 창조적 기도의 세계입니다.

제5장
하나님과 동역하는 기도

우리를 통해 이루는 창조역사

생명의 기도 자리

입의 기도, 혼(마음)의 기도, 영의 기도

마음의 파도를 잠재우고

인간적인 끈을 끊어라

기브온 사람들이 길갈 진영에 사람을 보내어 여호수아에게 전하되 당신의 종들 돕기를 더디게 하지 마시고 속히 우리에게 올라와 우리를 구하소서 산지에 거주하는 아모리 사람의 왕들이 다 모여 우리를 치나이다 하매 여호수아가 모든 군사와 용사와 더불어 길갈에서 올라가니라 그 때에 여호와께서 여호수아에게 이르시되 그들을 두려워하지 말라 내가 그들을 네 손에 넘겨 주었으니 그들 중에서 한 사람도 너를 당할 자 없으리라 하신지라 여호수아가 길갈에서 밤새도록 올라가 갑자기 그들에게 이르니 여호와께서 그들을 이스라엘 앞에서 패하게 하시므로 여호수아가 그들을 기브온에서 크게 살륙하고 벧호론에 올라가는 비탈에서 추격하여 아세가와 막게다까지 이르니라 그들이 이스라엘 앞에서 도망하여 벧호론의 비탈에서 내려갈 때에 여호와께서 하늘에서 큰 우박 덩이를 아세가에 이르기까지 내리시매 그들이 죽었으니 이스라엘 자손의 칼에 죽은 자보다 우박에 죽은 자가 더 많았더라 여호와께서 아모리 사람을 이스라엘 자손에게 넘겨 주시던 날에 여호수아가 여호와께 아뢰어 이스라엘의 목전에서 이르되 태양아 너는 기브온 위에 머무르라 달아 너도 아얄론 골짜기에서 그리할지어다 하매 태양이 머물고 달이 멈추기를 백성이 그 대적에게 원수를 갚기까지 하였느니라 (수 10: 6–14)

우리를 통해 이루는 창조역사

창조적 기도는 하나님의 전권적인 역사가 나타나는 것을 우리에게 허락하시는 순간입니다. 기도하는 것은 하나님의 초청에 내가 응하는 것입니다. 내가 초청받은 그 자리에서 하늘 문이 열리게 하는 권한이 우리에게는 없습니다. 그것은 전적으로 하나님의 주권입니다. 우리는 기도의 자리에서 하나님의 주권이 하나님의 주권으로서 내게 온전히 역사하시도록 하는 멋진 기도를 해야 합니다.

그것을 우리는 창조적 기도라고 부릅니다. 창조적 기도라는 것은 하나님을 움직이는 기도입니다. 하나님을 움직일 수 있는 그 무엇이 이 피조 세계에 있을까요? 그러한 것은 아무것도 없습니다. 하나님을 움직일 만한 어떤 조건도, 그 어떤 존재도, 보이지 않는 어떤 능력도 결코 없습니다.

하나님을 움직이게 할 수 있는 것은 딱 한 가지뿐입니다. 창조적 기도만이 그분을 움직이게 합니다. 우리가 항상 하는 기도는 무엇이고 창조적인 기도는 무엇이기에 왜 우리에게 꼭 필요합니까? 창조적인 기도란 생명이 있는 기도를 말합니다.

밥상을 차릴 때 두 가지 종류로 차릴 수 있습니다. 하나는 이미테이션들로 차려진 화려한 밥상입니다. 식당에 가면 진열용으로 차려 놓은 밥상이 있는데, 그것은 일 년을 두어도 상하지 않는 화학 물질로 만들어 놓은 것입니다. 그것은 어디에 두어도 변하질 않습니다. 그런데 실제로 식당 안에 가서 밥상을 받아보면 그대로 안 나오지요. 그보다 훨씬 양이 적거나 내용물이 다른 것이 나옵니다.

기도도 마찬가지입니다. 식당의 진열장에 있는 것과 같은 이미테이션 기도가 그대로 우리의 일상에 펼쳐집니다. 우리의 기도에 하나님의 창조적인 계획이 들어와 있는지 않는지를 잘 분별해야 합니다.

우리는 기도를 멋지게 잘할 수 있습니다. 창세기부터 계시록까지 좋은 사건을 다 언급하고 갖가지 좋은 언어들을 다 동원할 수 있습니다. 일본에 가서는 생선초밥으로, 미국에 가서는 스테이크로, 이탈리아에 가서는 스파게티로, 중국에 가면 제비집 요리를 내놓을 수 있습니다.

그러나 창조적 기도는 우리가 원하는 기도가 아니라 그분이 원하시는 기도입니다. 그 분이 피조 세계에 관여하실 때는 우리를 통해서 하십니다. 하나님께서는 우리가 직접 가서 하기를 원하시어 창조적인 어떤 기운을 불어넣어 주십니다. 그러나 우리는 멍청하게 눈을 닫아버리고, 코를 막아 버리고, 귀를 막아 버리고, 입을 딱 봉해 버립니다.

여호와의 바람이 강하게 불어와도 그냥 지나쳐 버립니다. 그래서 하나님께서는 오늘도 어리석은 자를 세우셨음을 한탄하실지 모릅니다. 그것이 기도의 자리에서 우리에 대한 하나님의 탄식입니다. 하나님께서는 천군 천사를 보내서 역사를 하시고, 성령님을 통해서 역사를 하시지만 우리는 잘 깨닫지 못합니다. "너는 내 대신 일을 해야 한다, 내가 너를 만든 이유를 아느냐? 이 일을 하라고 너를 이 땅에 보낸 것이다."라고 하시는 창조주의 음성을 기도의 자리에서 들어야 합니다.

창조적 기도는 하늘이 움직이는 기도입니다. 땅이 갈라지고, 찢어지고, 땅이 요동을 칩니다. 비바람과, 천둥 뇌성 번개와 바다가 용솟음을 치는 기도입니다. 하나님께서 동원할 수 있는 모든 것을 다 동원해 주시는 기도가 바로 창조적 기도입니다.

모세가 불순종하는 백성들에게 분노한 나머지 한 번은 하나님께 이런 기도를 한 적이 있습니다.

"하나님 저들에게 지금까지 벌 주셨던 방법 말고 지금까지 없었던 새로운 방법으로 벌을 주셔야 합니다. 그렇지 않으면 하나님이 창조적으로 역사하시는 분인 줄 이 백성은 알지 못합니다."

그래서 하나님께서는 고라의 집단들이 서 있는 땅을 한 순간에 열어 버리시고 지진이 나서 용암이 솟아오르게 하시고, 연기와 불길이 솟아오르게 하셨습니다. 그리고 그들로 하여금 그 속에 빠지

게 하시고 언제 그랬냐는 듯이 다시 땅을 닫아 주셨습니다. 하나님
께서는 모세의 기도에 즉각 응답하고 역사하셨습니다. 그것이 바
로 창조적인 기도입니다.

생명의 기도 자리

하나님은 창조적인 기도를 우리에게 주시면서 그 깊이를 알기 원합니다. 그 깊이라는 것은 하나님은 일분 일초도 새로운 일을 만드시지 않고는 존재하지 않는 분이시라는 사실입니다. 그분은 이 피조 세계가 끝날 때까지 계속해서 섭리 안에서 간섭하시며 역사가 진행해 가도록 인도하십니다. 수십억이 넘는 피조물들이 각양각색 그들 나름대로 최선의 삶을 살아 갈 수 있도록 돌보십니다. 성경의 기록에 하나님은 졸지도 아니하시고 주무시지도 아니하시며, 밤에도 낮에도 피조물과 더불어 행하신다고 하였습니다. 하나님께서는 당신이 창조하신 피조 세계와 함께 하십니다.

하나님이 우리에게 단 일초라도 새로운 창조의 역사를 하지 않으신다면 우리는 어떻게 될까요? 아마 몇 분이 지나기 전에 곧바로 죽어 버릴 것입니다. 오 분만 숨을 쉬지 못하면 바로 시체보관

냉동실로 가게 됩니다. 하나님께서 우리에게 역사 하시는 것을 보면, 우리는 감히 하나님의 이름을 함부로 입에 올릴 수 없습니다.

성인이 되어 아버지와 어머니를 부르는 것은 어린아이가 생리적 욕구로 아빠와 엄마를 부르는 것과는 다릅니다. 성인으로서 아버지, 어머니라고 부를 때 그분들이 나를 위해서 얼마나 고생을 했는가를 생각합니다. '우리 부모님이 날 키우기 위해서, 날 공부시키기 위해서, 날 결혼시키기 위해서 저렇게 고생을 많이 했구나.' 생각하며 부모님의 백발과 주름살을 바라보게 됩니다.

우리가 하나님의 이름을 부를 때는 인간의 이성과 감정으로는 도저히 표현할 수 없는 것들이 그 안에 들어 있습니다. 즉, 우리가 하나님이라고 부를 때 세상적인 모든 관념을 초월한 참된 생명이 그 안에 들어 있는 것입니다.

그래서 창조의 기도는 곧 생명의 기도입니다. 그분이 내게 생명으로 오셨는데, 내가 그분께 응답할 수 있는 길은 오직 하나 있습니다. 우리는 그분께 죽음으로 응답을 해야 합니다.

죽음으로 응답을 한다는 그것이 무엇입니까? 죽음 후에 부활 생명이 있게 됩니다. 그분과 더불어서 그분의 생명으로 기도하는 자리에 우리가 들어갈 때 그분께서는 나의 죽음을 받으시고, 그 다음 순간에 새로운 생명으로 바꾸어 주십니다. 그것을 호흡이라고 하는데, 창조적 기도의 호흡이라고 합니다.

기도 시간은 그분께 우리의 심정을 고하는 순수한 시간도 되지만 생사를 겨루는 전쟁의 시간이기도 합니다. 기도의 시간은 하나님께서 우리를 위하여 그분이 직접 싸우시는 시간입니다. 기도의 자리는 하나님께서 나를 위하여 당신의 사자들을 보내시어 창과 칼을 들고 싸우러 오시는 자리입니다. 내 앞에 그분이 와서 계신 자리요, 우리의 기도에 따라 하나님께서 능력으로 임재하시는 자리입니다. 그처럼 엄청난 자리에 우리의 마음이 다른 곳에 있다면 어떤 일이 일어나겠습니까?

우리의 기도는 우리의 영이 그분과 함께 동역하는 그런 자리가 되어야 합니다. 그 자리에 못 들어가기 때문에 우리의 기도가 가슴을 치는 기도가 되는 것입니다. 하나님! 어떻게 하면 그 자리에 들어 갈 수 있습니까?

"하나님! 내가 수십 년을 기도해 왔는데 아직도 나는 그 자리에 못 들어갑니다. 하나님 어떡하면 좋겠습니까? 하나님, 내가 기도다운 기도 딱 한 번만이라도 하게 해 주십시오."라는 간절한 기도가 우리에게 필요합니다.

많은 사람들이 하나님이 자신의 기도에 응답해 주셨다고 말합니다. 그 기도 응답도 참 좋다고 봅니다. 어떤 응답입니까? 아기가 방에서 배고프다고 우니까 엄마가 빨래 하다가 말고 손도 안 씻고 달려가서 젖꼭지를 물려 줍니다. 엄마가 부엌에서 밥을 하다가 아기가 불편하다고 웁니다. 그러면 엄마는 음식 하다 말고 그냥 놓아 둔 채 달려와서 아기를 돌봅니다.

엄마가 아기에게 해주는 그것을 기도의 자리에서 받으면서 그것이 하나님 응답이라고 자랑을 합니다. 맞습니다. 그러나 그것은 젖 먹는 아기들에게 주시는 하나님의 응답입니다. 두 살 세 살까지 기도의 응답은 그렇게 받아야 합니다. 그러나 신앙생활한 지 3년 이상 된 자들 혹은 수십년 된 자들이 전부 방에서 어린아이들처럼 드러누운 채 보채고 운다면 어떻게 되겠습니까? 그렇게 응답 받아가지고 하나님의 응답이라고 자랑한다면 하나님께서 얼마나 기가 차시겠습니까?

"얘야, 네 나이 좀 생각해라. 그것은 두세 살 때 기도의 입문에 들어갈 때이고, 너는 지금 기도 들어간 지 수십 년 되지 않았니? 네 기도가 어떤 기도가 되어야 하느냐? 떴다 봤다, 잡았다 쥐었다 하는 그런 기도가 응답이라고 생각을 하는데, 그건 엄마 젖꼭지를 물고 기저귀를 차고 다니는 애들의 기도란다."

이제는 정신을 차려야 합니다.

하나님께서 우리에게 원하시는 기도는 무엇입니까? 모세처럼 "이 땅이 갈라져 하나님께 대적하는 저들이 불구덩이에 들어가도록 땅을 가르시고, 땅이 그들을 삼키게 하시고 흔적 없이 그 입을 닫으소서."라고 하는 기도가 바로 창조적인 기도입니다.

입술의 기도, 혼(마음)의 기도, 영의 기도

기도의 첫 입구에 들어갑니다. 첫 입구에 젖 먹는 아기의 기도, 입술로 하는 기도가 있습니다. 입술의 기도를 할 때는 세상의 온갖 잡생각들이 다 들어옵니다.

기도하는 사람들을 가만히 보면, 이 분은 이런 기도를, 저분은 저런 기도를 하는데, 본인이 기도해 놓고 나서 자기가 참 열심히 기도 잘 했다고 생각합니다. 또 하나님이 자기에게 무엇을 보여주고 들려주고, 은혜를 받았노라고 자랑합니다. 그런 모습은 인간이 보기에도 어리석은데 하물며 하나님의 눈에는 어떠하겠습니까?

창조적 기도의 자리는 입술로 기도하는 자리가 아닙니다.

그 다음으로는 혼(마음)의 기도로 들어가고 마음 끝자리에서 마음의 깊은 자리로 내려갑니다. 마음의 깊은 자리가 어디까지입니까? 바닷가에 가서 맨 가장자리에 앉아 물장구치고 놀 수 있습니다. 조금 더 깊이 안으로도 들어갈 수 있습니다. 그리고 어디 갔다 왔냐고 물으면 모두 해수욕 갔다 왔다고 합니다.

바닷가에서 물놀이 했다고 전부 물놀이 한 것입니까? 발만 담고 찰랑 찰랑거리다 와도 물놀이 한 것이고, 배꼽까지 찬 곳에서 해도 물놀이 한 것이고, 머리까지 찬 곳에서 해도 물놀이 한 것입니다. 모두 물놀이 했다고 합니다.

이와 마찬가지로 기도의 자리에 들어간 사람들은 모두 기도했다고 말합니다. 기도의 자리는 그렇게 천차만별입니다. 기도의 자리에 들어간 분들은 바다의 맨 바깥쪽의 물을 보십시오. 파도가 순간마다 모래를 살짝 건드리고 가고, 파도가 순간마다 치고 갑니다. 바깥에서 기도하는 자리는 순간마다 이런 현상이 나타납니다. 그러나 깊은 바다로 들어가 보십시오. 깊은 바닷 속에는 파도가 하나도 없고, 물이 흐르는지 흐르지 않는지 알 수 없습니다. 그것은 흔들림이 없는 묵묵한 기도요, 침묵의 기도입니다.

그러나 거기에는 하나님께서 물속에 자라게 하는 수많은 고기들 중에도 큼직큼직한 고기들이 숨 쉬고 있습니다. 하나님께서 그 속에 숨겨 놓은 광맥들이요 광산들이 그 안에 쫙 깔려 있는 것입니다. 기도의 자리가 우리 마음속으로 깊이 들어가면 들어 갈수록 우리는 여기까지가 나의 한계라고 말하며 스스로 깊이를 설정합니다.

그러고 난 다음 기도는 영의 기도로 넘겨 줍니다. 우리 영이 기도하도록 넘겨 줄 때 영과 영은 그때부터 둘이 하나 되어 서로 주고받게 됩니다. 그때 비로소 성인들의 창조적인 기도가 이루어지는 것입니다.

여호수아 10장에는 이스라엘 군대가 승승장구하면서 적진을 깨뜨리고 하나님께서 그들에게 주신 복의 자리로 가는 장면이 나옵니다. 축복의 자리 가나안 땅으로 갑니다. 그러자 이스라엘 백성이 지나가는 그 주변에 있는 나라의 부족들이 혼비백산합니다. 위기에 처한 아모리 다섯 왕이 모여 모의를 하게 됩니다.

기브온이라는 나라가 있었는데, 그 부족들이 이스라엘에 무릎을 꿇고 화친을 청하고 "우리는 당신의 노예가 되도 좋으니 우리를 죽이지만 말아 달라."고 애원했습니다.

하나님께서는 죄악의 씨앗은 태어난 것부터 죽을 것까지, 다시 말하면 갓 태어난 생명부터 곧 무덤에 들어갈 자들까지 살아 있는 것은 모두 싹 쓸어버리라고 명하십니다. 우리는 하나님을 무자비한 분으로 인식할 수 있습니다. 그러나 그것은 무자비함이 아니라 우리를 살리기 위한 그분의 극진한 사랑입니다. 자손만대 하늘의 복을 누리게 하시고자 하는 그분의 마음입니다.

그런데 하나님께서 가나안의 부족들을 다 없애버리지 않고, 그 중에 조금 남겨 두셨습니다. 그 이유가 무엇입니까? 거기에는 하나님의 숨겨진 뜻이 있습니다. 아이들이 말을 잘 듣는지 안 듣는지 보자는 것입니다. 하나님이 우리에게 승리하게 하시는 방법과 조건은 순간순간마다 다릅니다. 하나님은 저 사람에게는 저렇게 역사하시고, 이 사람에게는 이렇게 역사하십니다. 이것은 또한 바람에 비유할 수 있습니다. 바람이 어느 순간에 어떻게 불어와서 어떻게 변해가고, 어디로 가는지 아무도 모릅니다. 그것은 바람을 주관하는 그분만 아십니다. 하나님의 역사가 우리에게 나타날 때 우리는 우리의 유한한 지식으로 조금은 추측을 할 수 있지만 더 이상의 추측은 할 수 없습니다. 하나님의 것을 추측하는 것이 창조적 기도는 아닙니다.

창조적 기도는 모든 것을 주관하시는 그분을 움직이는 것입니다. 그것이 바로 창조적 기도입니다. 전능자 하나님께서 일어나서 나를 위하여 일을 하시도록 한다면 얼마나 멋진 일입니까? 하나님께서는 그것을 기대하고 계신 것입니다.

하나님께서는 지금 이 순간에도 "나와 더불어 동역할 자가 없느냐, 나의 일을 맡아서 할 자가 없느냐?"며 찾고 계십니다.

아모리 다섯 왕과 기브온과의 전쟁이 벌어집니다. 기브온의 왕이 길갈에 있는 여호수아에게 급히 전갈을 보냅니다. 다섯 나라의 연합 군대가 쳐들어 왔으니 빨리 좀 도와달라는 것입니다. 그 소리를 듣고 여호수아는 하나님께 묻습니다. "하나님 제가 가야 할까요, 가지 말아야 할까요?" 그러자 하나님께서 대답하십니다. "그들을 네 손에 붙였다." 참으로 멋진 대답입니다. 모든 전쟁의 주관자이신 하나님의 선언입니다.

어느 누구 하나도 여호수아를 이길 자가 없다고 약속하셨습니다. 비록 하나님께서 직접 나서지 않으시더라도 그분은 우리 뒤에서 무엇인가를 통해서 역사하십니다. 그 형체가 무엇이든지 상관하지 않으십니다. 군대 장관을 보내든지 천군을 보내든지 천사를 보내든지, 피조 세계의 무엇을 보내든지 그분은 우리의 전쟁에 관여하시는 분이십니다. 그러한 하나님께서 우리에게 와서 함께 사역하기 원하십니다. 하나님께서 우리와 함께 사역하시는 그 자리가 바로 창조적 기도의 자리입니다.

마음의 파도를 잠재우고

창조적 기도의 자리는 영적 기도의 자리에서만 가능하지 않은가 하고 우리는 추측을 할 뿐입니다. 그런데 우리는 여호수아의 기도를 주목해야 합니다.

그 기도가 창조적인 기도의 한 예라고 말할 수 있기 때문입니다.

여호수아가 전쟁을 하러 올라갔습니다. 그런데 하나님께서 여호수아의 군대들에게 지혜를 주십니다. 하나님께서 명령을 하시면 꾸물꾸물 하지 말라고 하십니다. 그 사이에 사탄이 끼어들 수 있는 여지를 주지 말라는 것입니다.

이렇게 한번 생각해 봅시다. 어떤 사람이 설날이 되기 한 달 전에 부인에게 돈 백만 원을 주면서 부모님에게 드릴 선물을 사라고 했습니다. 한 달 가량의 여유가 있다 보니 부인의 생각이 달라졌습니다. 그 돈으로 애들 옷을 하나씩 사줍니다. 그리고 그 백만 원에서 자기 속옷도 하나 사고 남편 것도 하나 사고 이것저것 사다 보니 돈이 절반밖에 남지 않았습니다. 그런데, 만약 명절 하루 이틀 전에 백화점 가서 부모님 드릴 선물 사오라고 백만 원을 주었다면 다른 곳에 돈 쓸 틈이 없이 부모님 선물만 샀을 것입니다.

하나님이 우리에게 무엇인가 주실 때 시간적인 여유가 있게 되면 사탄이 꼭 끼어들게 마련입니다. 우리에게 주시는 축복을 차단시켜 버립니다. 만약 만원을 쓰고 싶으면 그 순간에 결정을 내려 버리십시오. 우리 믿는 자들이 가장 유혹을 많이 받는 것이 무엇인지 압니까? 그것은 "기도해 보고 합시다."라는 것입니다. "기도해 보자."고 말할 때는 이미 사탄이 개입하는 기회가 됩니다. "기도해 보고."라는 말이 나오거든 즉시 거부하시기 바랍니다. 그 자리는 사탄을 불러들이는 자리입니다. 하고 싶은 것도 절반으로 잘라 버리고 시간이 가면 갈수록 다 파먹어 버리고, 껍데기만 가져와서 기도했더니 마음이 별로 움직이지 않습니다. 그럼 어떻게 됩니까? 하늘 축복을 사탄이 빼먹고 껍데기만 청소하게 되는 것입니다.

창조적 기도라는 것은 내가 하는 것이 아닙니다. 그분이 하시게 하는 것입니다. 그분이 일어나서 직접 하시도록 하는 것입니다. 그분이 일어나서 직접 하시게 하는 기도가 어떤 기도일까요? 가만히 생각해 보십시오. 입술로 하는 기도에 하나님이 역사하실까요? 내 마음과 뜻과 생각을 다 알고 계신 그분이 역사하실까요? 열심히 내 육신의 힘과 노력으로 하는 기도를 기뻐하실까요?

땀을 흘리고 고함을 치는 사람들은 다른 사람들을 의식하며 자신들이 열심히 기도하는 모습을 보여주기 원합니다. 그러나 하나님께서는 그런 기도를 기뻐하지 않으십니다. 그런 기도는 마귀가 눈여겨봅니다. 하나님께서는 웃으십니다.

그런 기도에 하나님의 창조적인 역사가 일어날까요? 마음이 요동쳐서 기도의 자리에 들어왔을 때, 분노를 가졌을 때는 그냥 엎으십시오. 내일 부도가 납니까? 그래서 마음이 불안하면 기도의 자리에 앉지 마시고 그냥 돈 구하러 가십시오. 부도를 막고 싶은 생각이 있거든 돈 구하러 가십시오. 내일 이것도 하고 저것도 해야 하는데, 이자에 쫓기고, 빚에 쫓기고, 걱정이 태산이거든 기도 자리에 앉지 마시고 돈 구하러 가십시오. 그 자리에 앉아 조금 기도하다 보면 그것이 불쑥 기어 나옵니다. 그것은 기도하는 것이 아니고, 앉았다 일어났다 마음에 파도가 출렁거리며 왔다 갔다 하는 것입니다. 그러다 보면 기도 시간이 흘러갑니다. 밤을 새워 기도했으니까 하나님이 알아서 내일 아침에 하늘 문을 열고 응답하실 것이라고 생각합니다. 뭐라도 하나 던져 주실 것이라고 생각합니다. 그러나 헛된 꿈 그만 꾸시고 마음의 어지러움과 마음의 근심이 있을 때는 그것을 해결하러 가십시오. 난 그렇게 말을 하고 싶습니다. 해결하고 싶거든 그 자리에 가십시오.

오히려 내일 부도나게 해 달라고 기도하십시오. 그렇게 기도하려거든 그냥 기도의 자리에 앉으십시오. 내일 빚쟁이가 와서 머리채 잡고 쥐어뜯게 해 달라고 기도하려거든 기도의 자리에 앉으십시오. 차라리 내일 사건이 터지게 해 달라고 기도하십시오.

기도의 자리는 피하는 자리가 아니라 죽는 자리라고 생각을 하십시오. "이제 나는 다 끝났다."고 생각하고 기도의 자리에 앉으면 그때부터 마음의 파도가 잠을 자게 됩니다. 마음의 고요가 찾아오게 됩니다. 죽으러 온 사람이 무슨 기도를 하겠습니까? 살려 달라고 기도할까요? 부도 안 나게 해달라고 기도할까요? 우리 아이 대학에 붙게 해 달라고 기도할까요? 좋은 점수 달라고 기도할까요? 죽으러 온 사람이 무슨 기도를 합니까?

죽기 전의 마지막 기도인데, "죽든지 살든지 당신 뜻대로 하시옵소서."라고 기도합니다. 그 다음부터 무슨 기도가 이어질까요? 당신의 뜻이 어떻게 이루어질 것인가를 찾아가게 되는 것입니다. 그것을 한참 찾아가다 보면 하나님이 맨 나중에 "너 날 찾아왔니?"라고 물으십니다. 그때부터 창조적인 역사가 일어납니다. "내가 해 주마."라고 말씀하십니다.

이제 기도의 자리와 기도의 과정과 기도의 흐름에 대해 어느 정도 감이 잡힐 것입니다. 여호수아를 보십시오. 하나님께서 "적들을 네 손에 붙이리라."고 하셨습니다. 그 아모리 다섯 연합 군대를 내가 네게 맡길 것이라고 하셨습니다. 하나님께서 하시는 일을 보십시오. 하나님은 기가 막힌 분이십니다. 그래서 웃을 수밖에 없습니다.

인간적인 끈을 끊어라

여호수아 군대들의 창과 칼날에 죽은 적병보다 하나님이 두드려 잡아 죽인 적병의 숫자가 더 많다고 했습니다. 인간의 지혜와 지식과 무기와 재주가 아니라 하늘의 우박에 맞아 죽는 적병의 숫자가 더 많았다고 성경은 우리에게 증언하고 있습니다.

하나님이 우리에게 응답하시는 기도들은 상상을 초월합니다. 아마도 여호수아가 우박으로 적병을 두들겨 잡을 줄 꿈에도 생각하지 못했을 것입니다. 꿈도 못 꾼 일입니다. 창조적 기도의 자리에서는 우리가 꿈도 못 꾸는 이런 일들이 순간순간 바람처럼 일어납니다. 번개처럼 순식간에 번쩍이며 뇌성처럼 벼락을 칩니다.

미풍이 불지, 순풍이 불지, 태풍이 불지 폭풍우가 몰아쳐 올지, 허리케인이 올지는 아무도 모릅니다. 그것을 주장하시는 그분만 아십니다. 그분이 우리에게 가까이 오시는 것을 창조적 기도라고 합니다.

적병을 두드려 잡는 순간에 여호수아에게 번개와 같은 영감이 지나갑니다. 하늘을 보니 해는 기울어 가고 있습니다. 그래서 그 순간 여호수아가 기도한 것이 무엇입니까? 정숙하게 앉아 침묵의 묵상 기도를 했을까요? 아닙니다. 그는 있는 그 자리에서 "하나님!" 하고 바로 불러 외치는 기도를 했습니다. 그 외침의 기도는 하나님과 그 사이에 막힘이 없을 때 하늘에 비상벨이 됩니다.

기도하는 자리를 보면 준비 기도하다가 거의 다 끝나 버립니다. 99%는 준비 기도 하다가 끝나 버립니다. 나머지 1%가 본 기도에 들어갑니다. 가만히 보십시오. 만약 여러분의 기도가 준비 기도가 아니라면 그것은 거짓 기도요 헛된 기도입니다. 하나님의 창조적 역사가 일어나기 위해서는 하나님과 우리 사이에 막힘이 없어야 합니다. 막힘이 있는 기도는 창조의 능력을 일으키지 못합니다. 얇은 비닐 0.01mm의 두께라도 막힘이 있다면 안 됩니다.

쉬운 예를 들어보겠습니다. 고무풍선이 있습니다. 거기에 실끈을 10개 달아 놓았습니다. 그 중에서 5개를 끊었습니다. 고무풍선이 날아갈까요? 못 날아가지요. 절반을 끊어도 못 날아가니까 8개를 끊었습니다. 날아갈까요? 2개가 남아 있으니까 못 날아갑니다. 그럼 9개 끊어 버렸습니다. 그럼 하나님도 넘어가 주실까요? 기도의 자리에서 우리의 벗길 것 다 벗기고 겨우 하나 남았습니다. 그 정도는 하나님도 봐 주실거라고 생각합니다.

그럼 고무풍선에게 가서 물어 봅시다. "실끈 하나가 달려 있는데 너 날거냐 안 날거냐?” 고무풍선이 뭐라고 할까요? “끈 한 개가 아직도 달려 있는데 어떻게 날 수 있느냐?”고 오히려 반문할 것입니다. 멍청한 질문 좀 하지 말라고 할 것입니다. “네가 놔주지 않으니 내가 못 날지.” 고무 풍선은 질문하는 사람에게 “너는 인간이 어찌 나보다 더 못하냐, 왜 그렇게 멍청하냐?”고 할 것입니다.

기도의 자리도 바로 그런 것입니다. 준비 기도 하느라고 끈 아홉 개, 열 개 다 잡고 기도하다 보면 기도 시간이 다 끝나 버립니다. 준비 기도 하면서 열을 내고 땀을 흘리면 기도 잘 한 줄을 아는데, 아직도 끈이 하나 남아 있다는 것입니다. 내가 기도 했다는 그 끈이 하나 남아 있습니다.

그렇다면 그 끈을 가진 자가 스스로 창조의 역사를 일으켜야 한다는 말입니다. 하나님께서는 네 기도 네가 했으니까 그 끈 가지고 네 나름대로 창조의 역사 일으키라고 하십니다. 하나님께서는 인간이 달아놓은 풍선의 실끈 10개를 다 끊어버린 후에 역사하십니다. 여호수아가 그랬습니다. 여호수아가 하늘을 향해 외칩니다.

그 당시 여호수아의 외침은 10개의 실끈이 다 끊어진 상태였습니다. 하나님께 외칩니다. 피조물의 세계를 움직이는 것은 하나님 한 분뿐이십니다. 그런데 여호수아가 하나님과 더불어 동업을 합니다. 하나님이 움직이시는 태양을, 하나님이 움직이시는 달을 하나님과 함께 움직입니다. “태양아, 거기 머무르라 기브온 위에 머무르라. 달아 아얄론 골짜기에 숨도 쉬지 말고 거기 박혀 있어 오르지 마라. 네가 오르게 되면 태양이 죽어야 한다. 태양을 내가 잡

을 테니까 달아 너도 그 자리에 서 있으라.” 이 얼마나 멋진 기도
인가요?

이것을 우리는 창조적인 기도라고 합니다. 이 창조적인 기도가
우리에게 가능하게 될 수 있는 것은 내가 마지막 줄 하나를 놓아버
리는 자리입니다. 실끈 아홉 개를 다 끊었어도 한 개가 남아 있으
면 풍선이 날 수 없듯이 우리의 기도도 마찬가지입니다.

지금까지 우리는 기도를 내가 주관해 왔습니다. 그래서 많은 사
람들에게 그것을 이야기할 때마다 제가 어려움을 겪습니다. 기도
원에서 10년, 20년, 30년, 50년 기도했다는 분들이 여기 와서 기
도하면 처음에는 그냥 둡니다. 한 달 두 달쯤 되면 기도를 바꾸라
고 조언을 합니다. 그러면 그분들이 눈에 불을 켭니다. “내가 이
기도 가지고 신앙 생활을 해 왔고, 내가 이 기도 가지고 병자를 낫
게 했고, 내가 이 기도 가지고 귀신을 쫓아 냈고, 내가 이 기도 가
지고 예언을 했고, 내가 이 기도 가지고 행사한 능력이 얼마나 많
은데 이것을 내버리느냐.”고 합니다.

욕도 많이 먹고, 말도 안 되는 소리 말라고 비난도 많이 받았습
니다. 그리고 난 다음에 많은 기도자들이 가버렸습니다. “나는 내
기도 찾아 간다.”며 모두 떠났습니다.

제가 이야기하는 것은 인간이 하는 기도에는 한계가 있다는 것
을 말하려는 것입니다. 하나님의 창조 역사가 진지하게 개입할 수
있는 여지를 만들어 놓지 않고, 풍선끈 하나를 잡고 내가 기도한다
고 풍선을 들었다 놓았다 하며 기도하는 사람이 있습니다. 저녁 8

시에 기도 들어가서 그 다음날 새벽 4시까지 기도하는 사람이 있습니다. 줄 하나 들고 오르락내리락 바람 부는대로 흔들립니다. 그것이 안타까워서 그 줄을 끊으라는 것입니다.

풍선이 마음대로 날아가게 하십시오. 하나님이 역사할 수 있게 하라는 그런 말입니다. 여호수아가 한 기도를 우리는 잘 기억해야 합니다. 그가 태양을 멈추게 하고 달을 정지시킨 것을 말하는 것이 아닙니다.

그가 하나님과 더불어 동역할 수 있는 기도의 자리에 들어갔던 것을 기억해야 합니다. 그것을 창조적 기도라고 하는데, 우리가 모델로 삼아 기도할 것은 바로 여호수아의 기도입니다. 그가 하나님과 동역할 수 있었던 그 자리까지 우리의 기도가 들어간다는 것입니다.

우리는 생각으로 기도할 수 있습니다. 몸으로 기도할 수 있습니다. 혼(마음)으로 기도할 수 있습니다. 그러나 그것은 어린아이들이 배고플 때 하는 기도라고 생각을 하면 됩니다. 우리는 하늘을 움직이는 기도를 해야 합니다. 하늘을 움직이는 그 기도는 무엇입니까? 그것은 하나님의 생명이 있는 자의 기도입니다. 하나님의 생명이 있는 자의 기도는 하나님의 생명과 더불어 동역을 할 수가 있는 것입니다.

창조적 기도는 바로 우리가 반드시 해야 할 기도입니다. 목회자들은 성도들이 창조적 기도에 들어가도록 안내해야하고 독려해야 합니다.

우리가 꼭 기억해야 할 것은 우리 인생에게 주어진 시간들이 너무나 짧다는 것입니다. 이 짧은 시간을 어떻게 가장 값지게 선용할 것인가를 숙고해야 합니다. 그것은 바로 하나님과 동역하는 일에 우리의 시간을 드리는 것입니다. 그렇게 하기 위해서는 창조적 역사를 일으킬 수 있는 기도의 자리로 들어가야 합니다. 그 시간이 길면 길수록, 많으면 많을수록 우리는 생명이 충만한 삶을 살게 됩니다.

우리가 단 한 번에 창조적 기도의 자리에 들어갈 수는 없습니다. 그러나 우리는 힘쓰고 애써야 합니다. 여호수아와 같이 해를 멈추고 달을 굳게 한 자가 이전에는 없었다고 말합니다.

이제 한 단계 뛰어 넘어서 여호수아보다 더 능력있는 기도가 우리에게 있어야 할 것입니다. 그것을 증언할 자가 바로 우리들입니다. 우리는 할 수 있습니다. 그분과 멋진 동업을 할 수 있습니다. 기도는 그분이 하시는 일에 우리가 동참하는 것입니다. 우리는 역사를 바꾸게 할 수가 있고, 뒤집을 수 있고, 빠르게 할 수도 있고 늦출 수 있습니다. 얼마나 흥미진진하고 멋진 일인지 모릅니다. 우리의 기도 중에서 가장 생명이 있는 창조적 기도가 바로 그런 표적과 기적을 일어나게 해야 합니다.

제6장

하나님의 선택을 받은 사람

하나님이 증명해 주는 사람

비움과 내려놓음

하나님의 선택을 받은 기도

기적의 꽃을 피우기까지

네 기도가 나의 기도가 되게 하라

여호와께서 모세에게 일러 가라사대 너는 이스라엘 자손에게
고하여 그들 중에서 각 종족을 따라 지팡이 하나씩 취하되 곧
그들의 종족대로 그 모든 족장에게서 지팡이 열 둘을 취하고
그 사람들의 이름을 각각 그 지팡이에 쓰되 레위의 지팡이에
는 아론의 이름을 쓰라 이는 그들의 종족의 각 두령이 지팡이
하나씩 있어야 할 것임이니라 그 지팡이를 회막 안에서 내가
너희와 만나는 곳인 증거궤 앞에 두라 내가 택한 자의 지팡이
에는 싹이 나리니 이것으로 이스라엘 자손이 너희를 대하여
원망하는 말을 내 앞에서 그치게 하리라 (민 17:1-5)

하나님이 증명해 주는 사람

우리가 예배의 자리나 찬양의 자리 혹은 기도의 자리에 성도들을 초청할 때 통상적으로 "우리 예배드립시다.", "우리 찬양합시다.", "우리 기도합시다."라고 말합니다. 그런데 그런 수준을 훨씬 뛰어넘어야 하는 분들이 있습니다. 그들은 그 자리에서 뛰어넘기 위해 초청을 받으신 하나님의 특별한 은총을 받은 분들입니다. 이렇게 하나님의 은혜로 신앙의 초보를 벗어난 분들은 "우리 기도합시다."라는 언어에 머물러 있으면 안 됩니다. 우리는 어떤 제목을 두고 기도합니다. 그러나 그것은 매우 수준이 낮은 기도입니다. 그것은 유치원이나 초등학교에 다니는 어린아이들의 기도입니다. "애들아! 우리 기도하자 날 따라 해라."라고 하는 것이며, 기도문을 가르쳐 주는 기도입니다. 기도의 길을 조금씩 열어주는 기도입니다.

그러나 창조적 기도는 엄청난 기도입니다. 창조적 기도는 기도의 가장 핵심입니다. 우리의 기도는 우리를 부르신 하나님과 만나는 자리입니다. 하나님과 만나는 그 자리에 "너는 나의 창조적인 능력을 가지고 가라."고 하나님께서 말씀하십니다.

민수기 16장을 보십시오. "하나님을 원망하고 대적한 이 악한 무리들, 하나님을 진노하게 한 이 무리들을 진 밖으로 내쫓아 질병으로 죽게 하지 마십시오. 이번만은 지금까지와는 다른 특별한 방법으로 징계하옵소서. 하나님은 살아계시고 나는 하나님께서 나를 보내신 당신의 신실한 종이 됨을 증거해 주십시오."

이것이 바로 모세의 기도였습니다. 모세의 기도는 창조적인 기도의 능력을 가졌습니다. 그래서 하나님께서는 모세에게 "기도해 보아라, 내가 어떻게 해주랴?"고 말씀하십니다.

응답을 받은 모세가 그 자리에서 말합니다. 모세는 상상을 할 수 없는 기절초풍할 기도를 합니다. 지금까지 징벌하고 죽이던 그런 방법이 아니라 전혀 새로운 방법으로 이들에게 나타내 달라는 것입니다.

만약 하나님께서 이들을 징벌할 때 전에 징벌했던 방법으로 징계를 하면 자신이 하나님의 보냄을 받은 신실한 종이라는 사실을 그들이 인정하지 않을 것이니 새로운 방법으로 역사해 달라는 것입니다.

바로 이것이 창조적 기도입니다. 모세는 하나님께서 새로운 방법으로 역사해 주실 것을 간구했습니다. 이것이 바로 하나님을 하나님답게 하는 그런 기도입니다. 그 새로운 방법이 어떤 것인지는 모세도 잘 모릅니다. 하늘을 가르시든지 땅을 가르시든지, 뭐가 뒤집히든지 바뀌든지 하나님 마음대로 해달라는 것입니다. 인간은 하나님의 방법까지는 알 길이 없습니다. 기도할 때 하나님이 역사하실 그 어떤 방법과 시간까지 주문을 합니다. 모세는 땅이 고라, 다단, 아비람 부족을 삼키게 해달라고 하는 하나님의 지혜에 따른 새로운 방법을 간구했습니다.

하나님의 창조적 역사는 인간의 주문으로 시작되는 것이 아닙니다. 우리는 온전히 그분이 역사하시도록 그분을 초청하는 것뿐입니다. 와서 친히 역사해 주시기를 청원하는 것입니다.

그러자 모세의 기도를 들으시고 하나님께서 어떻게 하셨습니까? 하나님께서는 기상천외한 방법을 사용하셨습니다. 지금까지 없던 방법을 동원해서 악한 고라의 족속들이 서 있는 그 땅을 갈라 버렸습니다. 그것은 지금까지 그들이 꿈도 꾸지 못했던 그런 방법입니다. 땅이 갈라지자 거기 있던 사람들이 한순간에 불 속으로 다 들어가 버렸습니다. 그러고 난 다음에 언제 그런 일이 있었냐는 듯이 땅을 다시 닫아버리셨습니다.

멋진 하나님이십니다. 기도의 자리는 멋진 하나님을 만나는 자리입니다. 우리는 이 멋진 하나님을 만나는 자리에서 "하나님, 저에게 양식을 주세요. 물질을 주세요. 병 낮게 해주세요." 하면서 하나님을 제한시켜 묶어버리는 기도를 많이 하게 됩니다.

이제부터는 교회에 가서 하나님을 풀어놓는 기도를 하십시오.

하나님께서 마음껏 역사하시도록, 하나님이 하나님 되시도록 하시기 바랍니다. 하나님이 하나님 되심을 이 자리에서 증명해 달라고 기도하시기 바랍니다. 그러면서 거기에 곁들여야 할 것이 있습니다. 내가 당신의 사랑을 받는 신실한 종임을 증명해 달라고 기도하십시오.

비움과 내려놓음

우리가 하나님의 신실한 종이라는 증명이 나타난다면 얼마나 좋을까요? 여기에 핵심이 하나 있습니다. 그것은 하나님께서 하나님 되심을 듣고 이해하고 믿고 행하는 것입니다.

하나님을 제대로 안다는 것은 인간의 세계와는 구별되는 하나님의 신비한 세계를 아는 것입니다. 하나님의 시간은 인간이 계산하는 시간의 개념을 초월합니다. 하나님께는 일초 전과 일초 후라도 동일한 시간이 없습니다. 하나님은 계속해서 새로운 역사를 만들어 가시는 분이시기 때문입니다.

만약 하나님의 세계에서 일초 전과 일초 후가 같다면 그것은 하나님의 세계가 아닙니다. 그것은 죽은 세계입니다. 하나님의 세계는 살아 있는 세계입니다.

우리는 "하나님은 살아계십니다."라고 말합니다. 하나님은 지금이 순간도 새롭게 새 역사를 만들어 가시는 분입니다. 그럼 이렇게 소개를 해야 되나요? 그들에게 새 역사가 일어나도록, 그들이 실제로 새 역사가 일어난 현상을 기도의 자리에서 듣게 하고 보게 하고 알게 해야 하는 것입니다.

목사님들이나 그래도 성경을 좀 안다고 하는 분들이 이것저것 따지면서 좀 의심도 하고 방법도 제시할 수 있을지 모르지만, 순수하고 순결한 양무리들은 그렇지 않습니다. 목사님이 시키는 대로 따라합니다.

어느 것이 더 깨끗한 비움인가요? 목사님들이 비우는 비움이 깨끗합니까? 아니면 양무리들의 비움이 깨끗합니까?

목사의 기도에는 권세와 능력이 있고 평신도의 기도는 권세와 능력이 없다는 것은 아닙니다. 그가 얼마만큼 하나님의 비우심으로 비웠는가에 따라서 하나님께서는 깨끗한 그릇부터 가져오라고 하십니다.

하나님께서는 기도를 들으실 때 우리의 기도 그릇마다 채워주십니다. 채워주시다가 어떤 그릇이 좀 덜 깨끗한 것이 있으면 옆으로 비켜 놓으시고, 그 다음으로 차례대로 채워 나가십니다. 그렇게 밥을 담아 가시는 것입니다.

이 시간 가장 가파르고 가장 좁은 기도의 자리로 깊이 들어가고자 합니다. 우리의 기도에 생명이 있어야 한다면 어떤 생명을 가져야 합니까? 기도의 생명은 하나님과 만나는 것입니다.

우리의 기도 제목들을 가만히 보십시오. "하나님 내가 밥을 오른손으로 먹을까요? 왼손으로 먹을까요? 저녁 반찬에 고기를 살까요? 말까요? 콩나물을 살까요? 시금치를 살까요?"

이런 것들을 기도의 제목에 올려놓습니까? 자신이 할 수 있는 일은 기도의 제목에 올려놓지 않습니다. 기도 제목은 우리가 할 수 없는 것, 우리의 한계를 벗어난 것을 그분께 제시합니다.

기도의 자리는 바로 초자연적인 역사가 일어나도록 애초부터 규정된 자리입니다. 기도의 자리는 초자연적인 만남이 이루어지도록 하는 그런 자리입니다. 그래서 우리가 기도의 자리에 들어갈 때 우리가 할 수 있는 일은 전부 내려놓아야 합니다. "하나님! 당신 외에는 안 됩니다."라는 부르짖음으로 기도의 자리에 들어가야 합니다. 당신 외에는 이 일을 이루게 할 수 없다는 믿음으로 그분께 나아가야 합니다. "하나님! 처음 출발은 이렇게 하고, 둘째는 이 방법으로, 셋째는 이렇게 하시고, 넷째는 저렇게 하시고, 마지막에는 이렇게 해주십시오."라고 기도한다면 어떻게 될까요? 이것은 도저히 상상할 수 없는 발상입니다.

그런데 기도할 때 대부분 우리의 생각대로 기도를 이끌어 가려고 하고, 또 그렇게 기도가 진행되면 기도를 잘 했다고 생각합니다. 어린아이와 같은 믿음을 가진 우리이기에 하나님께서는 그런 기도를 들어주실 때도 있습니다. 또 어떤 때는 우리 하나님도 절체절명의 순간에는 앞뒤 가리지 않고 그대로 이루어 주시기도 합니다. 일단 살려놓고 보실 때가 있습니다. 아무리 미운 아들이라도 그가 물에 빠졌다면 부모 된 마음에서 옷 입은 채로 들어가 일단 건져 주는 것과 같습니다.

기도의 세계가 바로 그런 것입니다. 지극히 위험한 위기의 순간에는 곧 오셔서 우리의 일에 직접 관여하십니다. 우리의 손을 잡아 줍니다. 그러나 그 순간이 아닌 다른 경우에는 그분께서 우리에게 가까이 오실 때 우리의 기도가 창조의 역사를 일으킬 수 있는 기도인지 아닌지를 물으십니다. 창조의 역사를 일으킬 수 있는 자세로 기도의 자리에 들어왔는지 아니면 오늘 한 시간 의무적으로 기도해야 되니까 시계를 옆에 두고 기도하는 그런 자리인지 하는 것입니다.

속풀이 하려는 목적으로 와서 고함치고 춤추고 두들기다 가는 자리는 아닌지 가만히 생각해 봐야 합니다. 하나님께서 우리에게 원하시는 기도의 자리는 역사가 일어나는 자리입니다. 역사가 일어나지 않는 기도의 자리는 원치 않으십니다.

하나님의 선택을 받은 기도

그분이 우리에게 원하시는 것은 첫째로 "네 이름으로 내게 오라."라는 것입니다.

이스라엘의 열두 지파가 하나님께 원망하고 아론에게 모세에게 덤벼들었습니다. 그러자 하나님은 모세를 부릅니다. "모세야, 열두 지파의 우두머리 족장들에게 지팡이 하나씩 다 준비해 가지고 오게 하라. 그리고 그 지팡이에 그들의 이름을 쓰라."하고 명하셨습니다.

기도의 자리에 들어갈 때는 우리의 이름으로 기도의 자리에 들어가되 그것을 완성하시는 분은 예수 그리스도이십니다. 예수 그리스도께서 우리의 기도를 완성하실 때 무능하고 병들고 찌들고 죽은 우리의 기도를 그분이 기뻐하실까요? 아니면 지금까지 없었던 새로운 보석을 가공하고 새로운 열매를 맺었을 때 그분이 기뻐하실까요?

주님께서 기뻐하시는 기도는 새로운 열매를 맺는 기도입니다. 새로운 보화를 캐내는 기도입니다. 그래서 모세는 열두 종족 지파에게 지팡이 하나씩 다 가지고 오고, 자기 이름을 써서 하나님과 모세가 만나는 증거궤 앞에 갖다 놓으라고 했습니다.

이때 이 기도의 자리는 어떤 자리입니까? 하나님과 만나는 자리입니다. 증거궤 앞에서 하나님과 깊은 대화를 나누는 자리입니다. 열두 지파의 마른 막대기를 하나님의 증거궤 앞에 세워 놓고 그 자리에서 기도하게 합니다. 어떤 기도를 하게 하는가 하면 바로 창조적인 기도를 하게 합니다. 그 지팡이마다 전부 창조적인 기도를 하게 합니다. 하나님의 생명이 살아나게 하는 기도가 그 지팡이 지팡이마다 나오게 하는 것입니다.

그런데 그 지팡이에 창조적 기도를 할 수 있는 하나님의 능력이 임해야 합니다. 하나님께서 새로운 생명을, 새로운 역사를, 새로운 기적을, 새로운 사건을 일으킬 수 있는 감동을 내 속에 주시는가 하는 것이 문제입니다.

기도의 자리는 하나님이 우리의 기도를 듣기 위해서 부르신 자리입니다. 하나님께서는 생명이 들어 있는 기도를 가장 원하십니다. 내가 하는 모든 기도에 생명이 들어가 있는지를 묻고 계십니다. 생명을 가진 자만이 생명을 만들 수 있습니다.

요한 일서 5장 11절의 말씀대로 기도의 자리에 하나님의 아들의 생명이 있는지 없는지가 관건입니다. 내가 하나님의 아들의 생명으로 기도의 자리에 들어갔는지 아니면 내 인간의 생명으로, 인간의 의지로 하나님의 기도 자리에 들어가는지 잘 분별해야 합니다.

기도의 자리는 무서운 자리입니다. 참 두렵고 떨리는 자리입니다. 왜냐하면 기도의 자리에서 죽음과 삶이 한순간에 결판나기 때문입니다. 하나님의 뜻이 내게 이루어지면 나는 살 것이요, 하나님의 뜻이 내게 이루어지지 않을 때는 나는 이미 그 순간에 사형선고를 받는 것입니다. 기도의 자리는 심판을 받는 자리입니다. 하나님의 뜻을 온전히 이루기 위해서인지 내가 내 뜻을 이루기 위해서 하나님의 자리에 왔는지를 잘 숙고해야 합니다. 내 뜻을 이루기 위해 하나님의 자리에 왔을 때는 이미 나는 심판을 받은 것입니다.

하나님이 창조된 역사를 이루기 위해서는 그분의 생명으로 우리에게 옵니다. 그분의 생명으로 우리에게 오신다는 것은 순간마다 그분께서 새로운 역사, 새로운 일을 만들어 가신다는 것을 의미합니다. 우리는 그 새로운 역사, 새로운 일이 일어나도록 기도의 자리에 들어갈 때부터 생명을 가지고 들어가야 합니다.

생명이 없을 때 우리에게는 어떤 일이 일어납니까? 그것은 시체로 그분 앞에 나가는 것과 같습니다. 그분 앞에 썩은 냄새만 풍기다가 나오게 되는 것입니다.

지팡이 열두 개가 하나님의 증거궤 앞에 들어갔습니다. 하룻밤을 새웁니다. 열두 지팡이에게 하나님께서 말씀하십니다. "내가 생명을 주는 지팡이에 징표가 나타나리라." 기도의 자리에 들어갈 때 열두 지파가 그 안에 들어갑니다. 그런데 거기에서 하나님의 생명을 받은 것은 한 지파뿐입니다. 본문 말씀을 보십시오. "그 지팡이를 회막 안 내가 너희와 만나는 곳 증거궤 앞에 두어라. 내가 택한 자의 지팡이에는 싹이 나리니."

우리의 기도가 하나님의 택함을 받았는지 아닌지를 보아야 합니다. 하나님의 택함을 받았다는 말은 그분께서 내 이름을 기억하셨다는 말입니다. 열두 지파 족장의 이름이 있는데, 거기에서 하나님께서 아론의 이름을 기억하셨다는 말입니다. 아론의 이름에 특별히 관심을 두신 것입니다.

열한 지팡이도 모두 똑같이 법궤 안에 있습니다. 하나님과 만나는 기도의 자리에 있습니다. 우리의 기도가 열두 종류가 될 수 있고 열두 사람이 될 수 있습니다. 그러나 본문의 말씀을 보면 딱 하나만 선택한 것으로 나옵니다.

"내가 선택한 자, 그에게 나의 징표를 보이리라."

기적의 꽃을 피우기까지

기도의 자리에서 하나님의 창조적인 역사가 일어나도록 해야겠습니다. 하나님의 창조적인 역사가 일어나면 그때는 우리가 기대했던 것과 전혀 다른 결과들이 나옵니다. 그것은 하나님의 몫입니다. 하나님이 오늘 우리의 기도에 어떻게 역사하시는지 그것은 사람이 모르는 일입니다. 그것은 하나님의 전적인 주권입니다.

그래서 우리가 기도할 때 "하나님! 이것은 이렇게 해주십시오. 저것은 저렇게 해주십시오."라고 기도할 수 있는데, 그때마다 그 기도 속에 뭔가 빠져 있다는 것을 보게 됩니다. 그것은 인간이 하나님을 제한하는 것입니다. 모든 것이 하나님의 뜻대로 이루어지기를 간구해야 합니다.

"주님! 이것은 이 방법으로 오늘 이렇게 해주십시오."라는 기도는 하나님을 제한하는 기도입니다. 하나님은 우리의 기도 속에서 마음껏 역사하시기를 원하십니다. 그러므로 우리의 기도 속에 하나님을 제한하는 단어들이 나와서는 안 됩니다. 그런 단어들이 나오지 않게 하는 방법 하나 있습니다.

"주의 뜻대로 나의 기도가 진행되게 하옵소서."

처음에 내가 그릇을 씻을 때는 하나님 보시기에 아직도 덜 씻겨진 부분이 있을 것입니다. 하나님 자신의 뜻을 이루기 위해서 내게 창조적인 역사를 이루고자 하시는데, 내가 내 뜻대로 기도할 때는 하나님의 뜻을 제한하는 경우가 있을 것입니다.

그것을 피하기 위해서 에스겔 선지자는 "주께서 아시나이다."라고 기도하였습니다. "인자야 수없는 마른 뼈들이 살아나겠느냐?"라고 물으시자 에스겔은 "주께서 아시나이다."라고 고백하며 모든 것을 철저하게 그분에게 귀속시켰습니다.

우리는 창조의 능력과 권세를 그분에게 모두 다 돌려야 합니다. 모든 사건의 출발부터 마지막까지 당신의 영광이 거기에 나타나게 해달라고 기도해야 합니다. 만약 이렇게 기도하지 않았다면 우리의 기도는 이제부터 달라져야 합니다.

우리가 침묵기도 할 때 두려운 것이 하나 있습니다. 침묵기도를 할 때는 입으로 부르짖지 않으니까 내가 기도에 불충실한 것같이 느껴집니다. 기도를 깊이 드리지 않고 열심히 하지 않는 것 같습니다.

침묵기도는 하나님과 내 기도 사이에 내가 드려야 할 것이 뭔가 모자라는 것 같은 느낌을 갖게 할 때가 있습니다. 사실 그럴 수도 있습니다. 그러나 우리가 원하는 침묵기도라는 것은 그런 종류의 기도를 말하는 것이 아닙니다. 침묵기도는 그 모든 것을 뛰어넘는, 차고 넘치는 그분 앞에 우리의 마음을 순결하게 펼쳐놓는, 마음속 깊은 내면의 기도입니다.

그것을 바로 '기도의 수용적인 적극성'이라고 표현할 수 있습니다. 창조적인 기도를 할 때는 하나님께 적극적으로 펼쳐놓는 것입니다. 하나님께서 달라는 대로 펼쳐 놓는 것이 아니라 내가 가지고 있는 모든 것을 그 자리에 펼쳐 놓는 것입니다. 주저하지 않고 아낌없이 미련없이 펼쳐 놓는 것입니다.

이것은 그분 앞에 우리를 온전히 드리는 것입니다. 온전히 드리는 그곳에 주께서는 온전하심으로 우리에게 오십니다. 하나님께 온전히 드린 후에 하나님께서 우리에게 원하시는 것이 있습니다. 다 드렸으면 손을 놓으라는 것입니다. 그 다음은 하나님께서 마음껏 하시도록 말입니다.

우리는 기도의 자리에서도 하나님과 합작하려고 합니다. 그러나 창조적 기도는 합작이 아닙니다. 나는 바닥에 깔리고, 나는 물러서는 것입니다. 그분이 처음부터 끝까지, 시작에서 마무리까지 하시게 하는 것입니다.

그분은 집을 다 지으시고 보석으로 꾸미시고 부르십니다. "얘야, 보자기에 싸서 가라."고 하십니다.

무슨 뜻입니까? 그것은 다 이루었다는 말입니다. "너 보자기 폈지? 거기에다 뭐든지 하라고 했지? 이제 끝났으니 보자기에 싸가지고 가라."고 하십니다.

보자기 안에 무엇이 들어 있을까요? 우리가 상상하는 그런 기도의 결말이 들어 있는 것이 아닙니다. 그것을 훨씬 능가하는 놀라운 기적이 들어 있는 것입니다.

아론의 지팡이를 봅니다. 처음에 움이 돋고 그 다음에 싹이 나고 그 다음에 꽃이 피고 그 다음에 살구(아몬드)열매가 맺는 것입니다. 하나님의 법궤 앞에 있는 우리의 기도에 싹만 나도 우리는 기뻐 춤을 춥니다.

우리는 싹만 나도 춤을 춥니다. 하나님 내게 응답하셨다고, 하나님 내게 길을 열어주셨다고 춤을 춥니다. 그러나 하나님은 거기에 머무시는 분이 아닙니다. 시작하셨으면 반드시 끝을 보시는 하나님이십니다. 하나님이 우리의 기도를 들으셨다는 것은 우리의 기도를 완성하시겠다는 뜻입니다. 아론을 기억하시고 아론에게 관심을 쏟으신 하나님이십니다.

하나님이 관심 쏟으실 때 고목에 꽃이 피는 역사가 일어납니다. 사람이 깎아 만든 지팡이에 하나님께서는 생명을 불어 넣으십니다. 각 지파가 가져온 깎아 만든 지팡이나 우리들이나 다를 것이 무엇입니까? 깎아 만든 나무는 발가벗겨 갖다 놓았지만 우리들은 옷 입혀 놓고 갖다 놓은 것뿐입니다. 다르다면 하나는 옷 입은 것이고 다른 하나는 옷 벗은 것뿐입니다.

우리는 하나님 앞에 똑같이 마른 막대기와 같은 존재들입니다. 그러나 그분이 관심을 가지고 생명을 불어넣으시면 기도의 시간에 싹만 돋게 하시는 것이 아닙니다. 싹만 나게 하시는 것이 아니라 꽃이 피게 하십니다.

우리가 창조적 기도의 세계에 초청을 받을 때의 기쁨과 감사의 황홀함이란 이루 말로 표현할 수 없습니다. 기도의 과정 중에 한 단계 한 단계 올라 갈 때마다 그동안 하나님께서 보여주시고 들려주시고 선물 주신 것 모두 가짜보석처럼 보입니다. 그것도 하나님께서 우리에게 주시는 선물인데, 진짜 기도의 자리에 우리를 초청하시고 마른나무에 움이 트게 하실 때는 이것이 과연 기적이냐 하고 눈으로 보아도 믿지 못합니다.

그래서 눈을 비비고 또 비비는 것입니다. 그리고 우리 영혼이 가서 만져보고 냄새를 맡아보고 볼로 비벼보고 합니다. 싹이 난 후에는 잎사귀가 자라납니다. 우리 하나님은 멋진 하나님이라는 것을 알게 됩니다. 기도의 자리에서 그분의 역사가 일어나는 것을 보게 됩니다.

내 속에 나를 향한 그분의 역사를 보게 되는 것입니다. 마른 막대기보다 못한 내 속에 움이 돋게 하시고, 싹이 나게 하시고, 인내로 기다리니 아름다운 꽃을 피우게 하십니다.

우리는 꽃 피는 것까지는 원하지 않고 그냥 움만 터도 기적이라고 합니다. 꽃 피우는 것은 나중에 피워도 되겠다고 말합니다. 그러나 하나님과의 멋진 만남에서는 때로 한순간에 결말이 나서 화려한 꽃을 피우기도 합니다.

네 기도가 나의 기도가 되게 하라

하나님은 신묘막측한 분이십니다. 어떻게 인간의 언어로 형용할 수 있을까요? 우리가 아침에 드린 기도를 한낮에 이루어 주실 때도 있고, 해질 때 이루어 주실 때도 있습니다. 또한 우리가 그분께 드린 기도는 얼마 후에 이루어질 때도 있습니다. 몇 년 후에 들어 주실 때도 있습니다. 이 세상에는 한두 달 살다 죽는 풀도 있고, 육 개월 살다 죽는 풀도 있습니다. 또한 일 년 혹은 몇 년 살다 죽는 풀도 있고, 몇십 년 몇백 년 살다 죽는 풀도 있습니다.

오늘 우리의 기도는 어느 풀에 속합니까? 어느 과일나무에 속합니까? 우리는 그것을 그분께 기쁨과 감사함으로 기대할 수 있습니다. 주관하시는 이는 오직 하나님 한 분이십니다.

어떤 사람한테는 일년초처럼 일 년 만에 결론을 내 주시는데, 나는 어떻게 십년 된 나무 과일열매 맺는 것처럼, 혹은 사막의 선인

장처럼 백년에 한 번 꽃피는 것처럼 그렇게 오래 걸리게 하십니까? 그렇게 물을 수 있습니다.

우리는 이것을 기억해야 합니다. 그 오랜 기간들이야말로 하나님께서 우리에게 움이 돋게 하고 싹이 나게 하며 자라게 하시는 멋진 순간들이라는 사실입니다. 하나님은 일분 일초도 흐트러짐이 없는 분이십니다. 그분에게는 죽음이 없고, 모든 것은 생명들의 연속들입니다. 인간의 상상을 초월하는 기적의 연속들입니다.

창조적 기도는 기도의 순간마다 그분께서 내게 생명으로 역사하심을 체험하는 기도입니다. 우리는 냄새만 맡고 접촉만 하면 됩니다. 그 다음에는 그분이 하시는 것을 보고 가만히 있으면 됩니다.

파란 물에 하얀 스폰지를 던져 보십시오. 처음에는 조금 물이 들다가 나중에는 파란 물이 스폰지 속으로 스며들어갑니다. 그러다가 결국은 그 스폰지가 물에 다 잠기게 됩니다. 바로 그것이 우리의 기도가 하나님의 창조의 역사에 잠기는 과정입니다. 그것이 다 잠겼을 때 하나님께서는 우리에게 "얘야, 다 되었다. 가지고 가라."고 말씀하십니다.

오늘 본문 말씀의 끝에 보면 살구(아몬드)열매가 열리게 됩니다. 하나님께서는 우리의 기도에 함께하셔서 새순이 나서 열매를 맺을 때까지 책임져 주십니다. 창조적 기도라는 것은 우리가 막연히 하는 기도가 아닙니다. 인생의 문제들, 교회의 문제들, 성도의 문제들을 가지고 나아가는 것이 아닙니다. 그것은 지극히 작은 것입니다. 그것은 기도의 곁가지에 불과합니다.

"하나님! 오늘도 하나님과 나 사이에 새로운 역사가 계속 이루어지게 하옵소서, 그 사이에 어두움의 세력들이 끼어 있을 때 주께서 그 어두움의 세력들을 몰아내시고 아버지 뜻이 내 속에서 온전히 이루어지게 하옵소서!"

그것이 해뜰 때부터 해질 때까지가 아니고 해 지는 순간부터 다음날 해가 밝아올 때까지 그 모든 것이 주님의 뜻 가운데서 가장 선하고 가장 아름답고 가장 생명력 있는 순간들이 되게 해달라고 기도해야 합니다.

그것을 우리의 기도 자리에 제시할 때 그분은 우리에게 이렇게 말씀하십니다.

"네 기도가 나의 기도가 되게 하라."

하나님께서는 당신의 뜻이 이루어지는 그곳에 우리를 앉히시기 원하십니다. 그리고 우리 개개인을 통해서 하나님의 뜻이 꽃피우기를 원하십니다. 여러분을 통해서 열매 맺기를 원하시고, 당신의 역사를 이루시기를 원하십니다. 그것은 하나님께서 기쁘게 우리를 찾아와서 새 생명을 부여하시고 새로운 재창조의 능력을 주실 때 가능한 것입니다.

앞으로 여러분들의 기도는 창조적인 기도의 자리에 올라서야 합니다. 그 창조적인 기도는 기도하는 순간 순간마다 하나님께서 관여하시고 이끄시는 기도입니다. 그분은 우리의 기도에 관여를 하십니다. "애야! 이렇게 하면 된단다, 저렇게 해야 한다."라고 이끌어 주실 때 그분이 우리에게 얼마나 큰 관심과 기대를 가지고 역사하시는지는 우리의 상상을 초월하는 것입니다.

　하나님은 결코 우리의 능력대로 쓰시는 것이 아닙니다. 하나님의 능력대로 우리를 쓰시는 것입니다. 그러나 우리는 우리의 능력대로 하나님의 일을 하려고 합니다. 이것이 바로 실패의 원인입니다. 하나님께서 우리를 쓰실 때 우리에게 능력이나 재능이나 지혜가 있어서 쓰시는 것이 아닙니다. 하나님께서 우리를 쓰실 때는 그분의 능력과 권세대로 우리를 일으켜 세우십니다. 마른 막대기에게 무슨 능력과 권세와 생명이 있어서 살구(아몬드) 열매를 맺었겠습니까? 거기에 그분이 생명으로 역사하셨기 때문입니다. 마른 막대기와 같은 우리에게 그분이 생명으로 역사하실 때 우리에게도 움이 돋고 싹이 나고 가지가 나고 결국은 꽃이 피고 열매를 맺게 되는 것입니다.

만군의 여호와의 이름으로

기도의 패턴을 바꿔라

나에게 맞는 무기

모든 것 내려놓고 새롭게

목숨을 담보하라

연단의 풀무 과정

하나님이 주시는 새로운 무기

다윗이 블레셋 사람에게 이르되 너는 칼과 창과 단창으로 내게 오거니와 나는 만군의 여호와의 이름 곧 네가 모욕하는 이스라엘 군대의 하나님의 이름으로 네게 가노라 오늘 여호와께서 너를 내 손에 붙이시리니 내가 너를 쳐서 네 머리를 베고 블레셋 군대의 시체로 오늘날 공중의 새와 땅의 들짐승에게 주어 온 땅으로 이스라엘에 하나님이 계신줄 알게 하겠고 또 여호와의 구원하심이 칼과 창에 있지 아니함을 이 무리로 알게 하리라 전쟁은 여호와께 속한 것인즉 그가 너희를 우리 손에 붙이시리라 블레셋 사람이 일어나 다윗에게로 마주 가까이 올 때에 다윗이 블레셋 사람에게로 마주 그 항오를 향하여 빨리 달리며 손을 주머니에 넣어 돌을 취하여 물매로 던져 블레셋 사람의 이마를 치매 돌이 그 이마에 박히니 땅에 엎드러지니라(삼상 17:45–49)

기도의 패턴을 바꿔라

호숫가나 공원 같은 으슥한 곳에서 데이트 하는 남녀에게 건달들이 와서 시비를 거는 경우가 있었습니다. 그때 남자가 어떤 표정을 짓는지에 따라 그 표정을 본 여성이 미소를 짓거나 사색이 됩니다. 중학교나 고등학교 때 무술을 익힌 사람은 건달들이 덤벼도 씩 웃습니다. 그의 자세를 보면 당당합니다. 그런데 무술을 배우지 못한 남자는 겁이 나서 지갑을 줄까 아니면 빌까 고민하며 안절부절 못합니다.

처녀는 건달을 만나도 당당한 남자를 보면 '이 남자는 믿을 수 있구나.' 하고 안심하지만 쩔쩔매는 남자를 보면 '이 남자에게 내 인생을 맡겼다가는 큰일나겠구나.' 하며 도망갑니다. 물론 흉기를 함부로 휘두르는 요즘 같은 시대에서는 어려운 옛날이야기입니다.

기도의 세계도 바로 그렇습니다. 우리는 기도할 때 하나님의 성령만 와서 도우신다는 꿈 같은 환상들을 가지고 있습니다. 그러나 기도의 세계에는 악한 영이 먼저 와 있다는 사실을 기억해야 합니다. 사탄이 어떻게든지 기도를 못하게 방해하려고 합니다.

"하나님의 뜻이 이루어지게 하옵소서."라는 기도에는 사탄의 군단들이 동원됩니다. 그러나 "하나님! 내 기도를 들어주세요."라고 기도할 때는 사탄이 들어보고 그냥 가버립니다. "이 사람은 밤새도록 기도하게 내버려둬도 되겠다."고 하며 가버립니다. 달라는 대로 하나님이 주시든 말든 내버려두고 가버립니다. 그렇다면 하나님의 뜻이 이루어지는 창조적 기도는 무엇입니까?

다른 사람이 해왔던 창조적 기도가 아니라 나의 창조적 기도는 무엇인가를 찾아보려고 합니다. 다윗과 골리앗의 싸움을 통해서 하나님의 마음을 찾아냅니다.

결론부터 말합니다. 창조적 기도를 하려면 내가 지금까지 한 기도의 패턴을 완전히 깨뜨려야 합니다. 남들에게서 지금까지 배워온 기도의 패턴을 완전히 제거해 버려야 합니다. 하나님께서 원하시는 기도를 찾아내야 합니다.

우리는 "주여 삼창하고 기도합시다." 하고는 지금까지 내가 기도했던 그 기도의 패턴대로 흘러갑니다.

처음에 하나님께 문안드립니다. 그 다음에 감사를 드리고, 그 다음에 은혜 베풀어 주실 줄 믿고, 하늘 문을 여시고 축복을 내려달라고 간구하다가 끝에 가서 기도하게 해주셔서 감사하다고 하고는 가버립니다.

"내가 구했으니 주실 줄 믿습니다."라고 하는 것이 일반적인 우리의 기도입니다. 그러나 우리가 전심으로 추구해야 하는 기도는 그런 것이 아닙니다. 습관적인 기도는 이제 그만하고 진정으로 창조적인 기도를 하라는 것입니다. 창조적인 기도는 독자적인 기도이며, 독자적인 기도는 목숨을 거는 기도입니다. 이 기도에서 모든 것이 끝나는 기도입니다.

"다시는 이 기도를 하지 않을 것입니다. 하나님께서 이 기도를 들어주셔야만 합니다."라고 목숨을 던져놓는 기도를 하라는 것입니다. 습관적으로 죽 해오던 그런 기도를 말하는 것이 아닙니다.

창조적 기도의 자리는 새로운 생명, 새로운 하나님의 능력과 권세를 태동시키는 자리입니다. 다시 말하면 하나님의 새로운 능력과 권세가 내가 기도하는 자리에 임하게 하시는 것입니다. 창조적 기도가 되지 않는 이유는 죽음을 각오하지 않았기 때문입니다.

나에게 맞는 무기

성경에 예수님과 수로보니게 여인이 주고받은 대화를 보십시오. 예수님께서는 식탁에 있는 빵 한 덩이조차 그 여인에게 주지 않았습니다. 그런데도 그 여인은 "주님! 저는 식탁의 빵 한 덩이를 원하지 않습니다. 당신 식탁에서 빵을 자르다가 떨어지는 부스러기만 있어도 됩니다." 라고 간구합니다.

식탁에 앉아서 풍성한 식탁을 주셔서 감사하는 것이 아니라 땅바닥에 떨어진 부스러기, 강아지들이 핥아먹는 지저분한 부스러기 한 조각이라도 감사하다는 것입니다. 그것을 우리는 이 여인의 창조적 기도라고 말합니다.

예수께서는 여인의 창조적 기도를 들으시고, 그녀의 생명이 담겨 있는 기도를 들으시고 "이제 되었다. 가라 네 믿음이 너를 구원했다."라고 선포하십니다.

지금까지 내가 했던 기도가 적당히 시간을 보내는 기도였다면 이제 완전히 창조적인 기도로 전환시켜야 합니다. "하나님 안 들어 주시면 안 됩니다. 꼭 들어 주셔야 합니다."라는 나름대로의 창조적 기도를 해야 합니다. 하나님이 반드시 들어주어야겠다는 생각이 들도록 기도해야 합니다.

오늘 본문 말씀을 보면, 블레셋이 이스라엘을 침공해서 장수끼리 일대일로 붙어서 이기는 나라가 진 나라를 노예로 삼자고 협박했습니다. 그런데 이스라엘의 장군들이 한 명도 나가지 못했습니다. 이스라엘에는 그런 장군이 하나도 없었습니다.

블레셋은 어떻습니까? 어렸을 때부터 군사로 훈련된 자들이라 창과 칼과 활을 잘 쓰는 용사가 많이 있었습니다. 골리앗은 어렸을 때부터 용사라 칭함을 받았고, 가는 곳마다 전쟁을 승리로 이끈 위대한 장군이었다고 이야기합니다.

그러나 다윗은 살아계신 하나님의 군대를 모욕하는 골리앗을 자기가 죽일 것이라고 말합니다. 그러나 주위에서 다 말렸습니다. 사울은 하도 기특해서 다윗에게 왕의 상징인 자신의 투구과 칼과 창도 주고 자신의 갑옷도 주었습니다.

기도 잘 하는 사람, 은사자, 능력자들을 따라간다고 그 사람이 쓴 투구와 갑옷을 달라고 해보십시오. 그것들이 나에게 맞겠습니까? 오히려 그것들로 인하여 망신을 당하게 되고 죽음을 초래하게 됩니다.

사울은 왕으로 삼을 만큼 육체가 아주 멋지게 생긴 남자였습니다. 그러나 다윗은 조그만 소년이었습니다. 조그만 소년에게 사울이 갑옷과 투구를 주니 눈이 보이겠습니까? 눈이 안 보이고 귀가 가려졌습니다. 눈과 귀 다 가려놓고 그 다음에 칼을 준들 어떻게 적장하고 싸우겠습니까?

사울이 다윗에게 갑옷을 줍니다. 지금까지 삼베 바지만 입고 산으로 들로 뛰어다녔는데, 전투복을 입으니 그것이 맞겠습니까? 그래도 다윗은 전투복이니까 혹시나 하고 입어봅니다. 그는 실제로 입어보고 왔다 갔다 시험해 봅니다. 그러나 영 맞지 않아 갑옷도, 투구도, 칼과 창도 다 던져버리고 목동의 옷을 다시 입고 시냇가로 뛰어갑니다.

다윗은 익숙한 자신만의 무기를 가지러 갔습니다. 바로 기도가 그 무기요 그 기도는 창조적 기도입니다. 지금까지 기도 잘 하고 은사 베풀고 능력 행한 것 붙잡고 하는 기도는 창조적 기도가 아닙니다. 그런 것들은 다 깨버려야 할 것들입니다. 그런 기도는 사울의 무기와 같은 것들입니다. 사울의 갑옷은 사울에게 적합한 것이지 다윗에게 적합한 것은 아닙니다.

사울의 옷은 사울의 옷이고 나는 내 옷이라야 합니다. 사울의 무기는 사울의 무기이고 나는 내 무기를 가지고 있어야 합니다. 내 마음대로 다룰 수 있는 무기를 가지고 있어야만 싸움에서 살아남을 수 있습니다.

다윗은 "하나님이 택하신 나라 이스라엘을 무시한 너는 창과 칼을 가지고 내게 오지만 나는 만군의 여호와의 이름으로 나아간다.”고 했습니다. 이렇게 선포한다면 전쟁은 이미 끝난 것입니다. 더 할 것이 없습니다. 창조적 기도는 끝났고 전쟁도 다 끝난 것입니다.

모든 것 내려놓고 새롭게

　　예언하는 사람 밑에는 예언자가 줄줄이 나옵니다. 신유하는 기도원 원장 밑에는 신유하는 자들이 나오고 또 말씀을 풀이하는 사람에게는 말씀을 풀이하는 자가 나옵니다. 원장님 밑에서 줄줄이 그것을 받아먹었으니까 그렇게 될 수밖에 없습니다. 그래서 저는 골고루 먹어보라고 말합니다. 은사의 자리에 가서 은사도 먹어보고, 예언의 자리에 가서 예언도 먹어보고, 치유의 자리에 가서 치유도 먹어보고, 방언의 자리에 가서 방언도 먹어 보라고 합니다.

　　다 먹어보고 난 다음에 "어느 것이 가장 맛있더냐?"고 물어보면 딱 한마디 대답해야 할 것입니다.

　　"각각의 맛은 다 있는데 내 것은 아닙니다. 내 것은 하나님이 주셔야 합니다."

　　수많은 사람들이 기도원에서 은사와 능력을 달라고 매달립니다.

하나님께서는 우리에게 은사와 능력을 주시되 때를 따라, 환경에 따라 각각 다르게 주십니다. 그런데 은사자나 능력자들은 하나님께 몽땅 한꺼번에 달라고 합니다. 그것이 얼마나 탐욕인가를 알아야 합니다. 탐욕이 있을 때는 반드시 어두움의 세력이 그 자리에 들어옵니다. 영적 교만이 그에게 있을 때는 빛으로 가장하고 들어옵니다. 영적 탐욕이 있을 때 번개처럼 사탄이 그 자리에 들어와 버립니다.

사울이 준 갑옷과 무기들을 다 들어봅니다. 남들이 보기에는 근사합니다. 그러나 그것들은 전부 다윗에게 죽음을 가져오는 조건들입니다.

사울의 투구는 다윗에게 죽음을 가져오게 되어 있습니다. 눈을 가려 앞이 안 보이니 싸울 수도 없습니다. 자기 힘으로는 지금까지 다루지 못했던 칼과 창을 다루라고 합니다. 그것이 가능할까요? 익숙하지도 않은 그 갑옷을 입고 이리 피하고 저리 피하고 앞으로 가고 뒤로 후퇴하면서 이길 수 있을까요? 어림도 없는 소리입니다. 그것은 해본 사람이나 하는 것이지 해보지 않은 다윗에게는 불가능한 일입니다.

그런데도 우리는 남들이 그렇게 해서 은사 받았다, 남들이 그렇게 해서 천국에 갔다 왔다, 남들이 그렇게 해서 입신을 했다고 부러워합니다. 이런 일들은 망할 일이요 통탄할 일들입니다.

창조적 기도는 남의 기도와는 아무 관계가 없는 것입니다. 비단 그것이 내 부모일지라도 나와는 아무 상관이 없어야 합니다. 나에

게는 하나님께서 내게 주신 또 다른 무기가 있다는 사실을 기억해
야 합니다.

창조적 기도에서는 반드시 나의 무기를 가져야 합니다. 아버지
가 내게 준 그 빛나는 보검이나 총알이 뚫지 못하는, 화살이 뚫지
못하는 기름을 먹인 갑옷들은 전시품으로는 응접실에 진열해 놓을
수 있지만 실제로 우리 현실에서는 그것이 우리의 죽음을 가져오
게 됩니다.

그래서 우리는 다윗처럼 멋있는 판결을 내려야 합니다. "왕이시
여! 이것 입어보니까 안 됩니다. 나는 내 것을 찾아가겠습니다."
많은 사람들이 아쉬워합니다. 그러나 다윗은 삼베바지를 찾아 입
고 시냇가로 갑니다. 그곳에 가서 눈에 들어오는 돌멩이를 몇 개
주워 옵니다. 그리고 그것을 양칠 때 허리에 차고 다니는 주머니에
넣습니다.

창조적 기도의 자리에 들어갈 때는 남이 했던 기도는 쫓아 버려
야 합니다. 그러기 위해서 우리는 무엇을 해야 됩니까? 고무풍선
에 달린 8개의 실을 끊어 버리고 두 가닥의 실이 남아 있습니다.
풍선이 안 날라 갑니다. 그럼 마지막으로 하나 더 끊어버리고 한
줄 남았습니다. 그래도 매달려 있는 하나의 끈 때문에 풍선은 하늘
로 날아 갈 수 없습니다.

우리 기도의 99%가 한 가닥의 끈 때문에 안 됩니다. 우리 교회
가 제대로 일어서지 못하고 나의 문제가 해결되지 못하는 것은 나
머지 1% 때문입니다. 그것 하나만 끊어지면 되는데, 그것이 안 끊

어지기 때문에 창조적 기도의 능력이 나타나지 않습니다. 나머지 한 가닥을 끊어야 되는데, 그것은 내 최후의 목숨 줄이라고, 그것을 끊어버리면 다 망한다고 합니다. 이것이 하나님이 우리에게 원하시는 바로 그것이라고 고집합니다.

창조적 기도의 자리가 망하라고 있는 것입니까? 그렇지 않습니다. 다 끊어버리고 다 엎어버리라고 하는 것은, 그러고 난 다음에 내가 새로 시작한다는 뜻입니다.

옛날의 그 방법을 조금이라도 가지고 내가 어영부영 시간을 보내면 일 년이 지나고 십 년이 지나 보아야 풍선은 날아가지 않습니다. 고무풍선에 100개의 실끈을 달아놓고 99개의 끈을 끊어 버리고 나머지 하나를 들고 있으면서 "설마 하나님이 99개를 끊었는데 안 해주시겠냐."고 합니다.

하나님은 사랑이 많으시고 자비가 많으신 분이시니 들어주실 것이라고 생각합니다. 그러나 붙잡고 있는 그것 하나 때문에 되지 않습니다.

목숨을 담보하라

"하나님! 전세금 내야 합니다, 우리 집에 쌀이 떨어졌어요, 내 주머니에 차비가 떨어졌어요."

내가 무엇인가 하려고 할 때는 하나님이 열심히 하라고 위로해 주고 등 두드려 주십니다. 그런데 거기에 또 사탄이 하나님보다 더 도와줍니다. 하나님을 100% 믿지 말고 돈으로 그것을 해결해야 한다고 속삭입니다. "너는 능력이 있으니 네 힘으로 하라." 사탄이 더 기를 쓰고 하라고 합니다. 그때 이기는 방법은 딱 하나입니다. 쌀독에 쌀이 떨어졌으면 물을 부어 쌀독을 씻고 닦아놓는 것입니다. 교통비가 없으면 주머니 먼지 툭툭 털어버리고 걸어가는 것입니다. 서울에서 인천이나 의정부까지 한 달만 걸어다녀 보세요. 다리에 힘이 오르는 것은 물론 하나님께 드리는 기도가 달라집니다. 죽었던 기도가 다시 살아납니다.

밤새도록 걸어 보십시오. 밤새도록 걸으면서 할 일이 무엇이 있겠습니까? "하나님! 나 어떻게 하실 겁니까?" 그러면 하나님이 뭐라고 하실까요? "나한테 왜 물어? 그것은 네가 알아서 할 일이지."

나는 하나님의 그 마음을 압니다. 기도하는 사람의 소리를 들어보면 저것은 오늘 10%만큼 물이 찼고, 저것은 20% 찼고, 에이 저건 맨 바닥이고, 주여! 하는 소리만 들어보면 그 안에 얼마만큼 물이 찼는지 알 수 있습니다.

당신은 앞으로 하루 더하면 되고 당신은 앞으로 한 시간 더하면 되고, 그렇게 기도에 차등이 납니다. 하나님은 우리가 하는 소리를 듣지 않으시고 그 안에 무엇이 있는지를 가만히 보십니다. 그것은 바로 생명입니다. 신령과 진정으로 예배하는 생명입니다.

창조적 기도라는 것은 그분에게 "나 죽었소." 하고 다 던져버리는 것입니다. 아직까지도 살아서 군더더기가 남아 있는 사람은 그 군더더기가 사라질 때까지 기다리든지, 아니면 빨리 없애버려야 합니다. 쌀독을 비워야겠는데, 쌀이 아직도 한 말 남아 있다면 교우들을 불러서 떡 잔치 하십시오.

비워서 깨끗이 한 다음에 하는 기도와 쌀독에 쌀이 한 말 남아있을 때 하는 기도는 하늘과 땅 차이입니다.

남편이 있는 부인에게 외아들이 죽었습니다. 외아들이 갑자기 죽었으니 애통함이 클 것입니다. 남편이 없는 청상과부도 뱃속부터 키운 아들이 죽었습니다. 남편이 있는 여인이 우는 울음소리하고 남편이 없는 청상과부가 장례 뒤를 따라가며 우는 소리가 같을까요?

청상과부는 "나 이제 죽는다, 내 모든 소망이 끊어졌으니 난 이제 죽는다, 너 묻고 나도 죽는다."고 하며 애통해 할 것입니다. 그러나 남편이 있는 여인은 기댈 언덕이 있으니 울어도 간장이 덜 녹아지듯 할 것입니다. "남편이 있으니 또 하나 낳으면 되지."하고 자기 스스로 위로할 것입니다.

하나님과 우리 사이에 창조적 기도가 가능하게 되려면 철저하게 미련을 끊어 버려야 합니다. 미련을 끊지 않고는 아무리 기도를 해도 창조적인 능력이 그 속에 들어가지 않습니다.

모세가 한 말이 있습니다. "하나님! 나를 죽이십시오. 내 이름을 생명책에서 삭제하십시오."라고 외치며 모세는 하나님께 매달렸습니다. 당신의 생명책에서 자기의 이름을 제거하시고 백성을 살려 달라고 매달렸습니다. 그러자 하나님께서는 "내가 널 어떻게 죽이겠느냐, 네 기도를 내가 들어주고 내가 너와 함께 가마."라고 약속하셨습니다. 이것이 바로 모세의 멋진 생명이 있는 기도의 열매입니다.

창조적 기도는 하나님의 마음을 움직이는 기도입니다. 하나님의 새로운 역사가 일어나도록 하는 것이 창조적 기도입니다.

우리의 기도가 죽음을 담보로 한 그 자리에 들어갈 때부터 역사가 일어납니다. 죽음을 담보로 하지 않을 때는 대충 시간을 때우는 기도에 불과합니다. 그러다가 때가 되면 해결되려니 생각한다면 그것은 기도가 아닙니다. 기도는 새로운 창조를 일으키는 것입니다. 새로운 창조를 일으키는 것은 완전한 죽음의 상태에서만 가능한 것입니다. 죽지 않은 상태에서 아무리 해보아야 끈 하나 들고 그냥 오늘도 풍선 끝에 매달려 "오늘은 성령의 바람이 많이 부네, 성령의 바람이 별로 없네." 그리고 그것을 보고 끝났으면 또 바람 빼가지고 집에 가져갑니다. 가져갔다가 다시 훅 바람을 불어 넣어서 달아 놓습니다.

연단의 풀무 과정

　창조적 기도에는 또 하나의 핵심이 있습니다. 만군의 여호와 이름으로 창조적 기도가 성취되는 그 핵심은 무엇인가 생각해 봅시다. 만군의 주 만군의 여호와 이름으로 다윗이 그의 대적자 골리앗에게 선포합니다. "너는 너희 신들의 이름으로 내게 오거니와…." 골리앗이 그때 그들의 신들의 이름으로 다윗을 많이 저주했습니다. 공중의 새들의 밥이 되고 들짐승의 고기가 되게 하겠다고 저주했습니다. 다윗은 저주에 맞서서 "너는 너의 신의 이름을 부르고 나는 나의 신의 이름을 부른다."라고 했습니다. 다윗이 부르는 신의 이름은 무엇입니까? 창조주 하나님이십니다.

　우리의 창조적 기도의 대상은 창조주 여호와 그분이요 창조주 여호와 그분 외에는 살아있는 창조적 기도를 하게 하시고 살아 있게 새 일을 이루실 분이 없습니다.

은행에 돈이 백만 원 있으면 아직도 백만 원이 남아 있다고 생각하기 때문에 기도 자리에 힘이 별로 없습니다. 그러나 은행의 잔고가 바닥나면 기도가 힘을 받기 시작합니다. 지금까지 통장의 백만 원이 내 기도의 힘을 붙잡고 있었습니다. 그러나 그 기도의 힘이 백만 원에서 해방될 때 그때부터 내 속에 창조적 역사를 일으킬 수 있는 힘이 나옵니다. 하나님의 이름을 부르는 나의 부르짖음이 달라집니다.

하나님! 하고 부르는 소리가 통장에 1억이 있을 때와 통장에 10원이 있을 때 달라집니다. 하늘과 땅 차이입니다.

내가 아직도 내가 가는 곳마다 돈을 빌릴 수 있고 얻을 수 있고 꾸어올 수 있을 때 기도의 자리에 앉으면 무엇을 할까요? "하나님 다음에는 어디로 꾸러 갈까요? 그 다음에는 어디로 갈까요?" 하나님은 그의 고민이 끝날 때까지 계속 내버려 두십니다. 가다 보면 일가친척, 친구, 형제, 동창 다 잡아 먹고 난 다음에 은행에 가서 서류 만들어 대출받습니다. 그것도 안 되면 카드 만들어 가지고 이리 엎어 치고 저리 엎어 치고 합니다.

남편 카드 몰래, 아내 카드 몰래, 자식 카드 몰래, 그렇게 사고칩니다. 그 다음에는 한바탕 발악을 합니다. 쥐약 먹는다고 발악을 하고 난 다음에 기도원에 갑니다. 차라리 거기에서 뭔가 깨우침을 받으면 좋을 텐데, 깨우치지도 못하고 왔다 갔다 합니다. 금식하면서 뭔가 조금 들리고 보이면 갖가지 소리로 웅얼거리다가 입이 터지면 그것을 가지고 또 대상을 물색합니다.

그것들은 전부 창조적 기도를 막는 길입니다. 기도가 막히거든 그 자리에서 깨버리십시오. 내가 무엇인가를 만들 수 있는 마지막 끈 하나 가지고 있는 한 우리에게 창조적 기도는 불가능합니다.

하나님께서는 마지막 끈 하나를 쥐고 있는 사람에게 "그것은 내가 어쩔 수 없다. 네가 해야 할 몫이다."라고 말씀하십니다. 그러다가 세월만 보냅니다. 그러다가 귀한 인생이 끝나기도 합니다. 그렇다면 이것을 뛰어넘는 길이 무엇인가에 대해 깊이 생각해 보게 됩니다. 구원의 길은 오직 하나뿐입니다.

여호와의 구원은 창과 칼에 있지 않고, 세상의 방법에 있지 않고, 인간을 찾아가는 데 있지 않습니다. 인간의 무기, 인간의 권력, 인간의 능력에 있지 않습니다. 내가 구원받는 길은 여호와 외에는 없습니다.

그것을 뼈아프게 느낄 때 그때부터는 기도가 나오지 않습니다. 가슴이 터지고 마음이 찢어집니다. 내가 지금 살아온 것, 기도했던 것 모두 껍데기 중에 껍데기라는 사실을 인정하게 됩니다. 그것들을 가지고 하나님이 내게 와서 해 줄 것을 기대했습니다. 만약에 무엇인가 이루었다면 그것은 하나님이 해 주신 것이 아니고 사탄이 해 준 것입니다. 사탄도 우리에게 은사와 능력과 물질과 재능을 다 줄 수 있습니다. 그러나 그 마지막이 올무에 걸려 비참하게 되어 버립니다. 사탄의 종으로 전락하게 됩니다.

하나님께서 우리에게 주시는 것은 연단의 풀무 과정입니다. 우리는 연단을 당할 때 조금이라도 의심하거나 주춤할 필요가 없습니다. 그대로 뚫고 가야 합니다. 이왕 당하는 것인데, 우물쭈물해서 시간 끄는 것보다 "하나님! 나 죽으러 갑니다." 하고 화끈하게 통과해 버리십시오.

나도 불을 맞아 보았습니다. 나도 풀무대학에 갔다 왔습니다. 불도 맞아 보았고 불에 거슬려도 보았고 뜨거운 것도 체험했습니다. 그러나 중요한 것은 불 속을 통과했는지, 그 과정을 온전히 통과하여 이루었는지 하는 것입니다.

이러한 과정을 비유한다면, 겨울에는 물 밖보다 물 안이 더 따뜻합니다. 실제로 연단의 자리에 들어갈 때 하나님의 풀무대학에 들어갈 때는 밖에서 느끼는 그것과는 다릅니다. 하나님께서는 우리가 불 속을 통과하도록 그분이 지켜주십니다. 연단 과정을 통과하다가 죽으라고 하는 것은 사탄의 짓입니다. 하나님께서는 우리가 이것을 통과해서 정금처럼 나오기를 원하십니다.

제일 먼저 하나님께서 정리하는 것이 무엇입니까? 그것은 바로 물질입니다. 물질로 연단 주시고, 그래도 안 죽고 고집 부리면 그 다음에는 몸으로 연단 주십니다. 그 다음은 혼으로 갑니다. 그 다음은 영으로 가서 끝내버리십니다. 물질에 연단이 있다고 하면 하나님께서 제일 가벼운 것으로 훈련시키는 줄 아시기 바랍니다. 깨닫는 자는 지혜로운 사람입니다.

하나님과 우리 사이는 멋진 사이입니다. 내가 세상을 붙잡고 있는 한 하나님은 옆에서 나를 가만히 보고 계십니다. 탁 놓아버릴 때 비로소 하나님께서는 우리의 오른손을 잡으십니다. "내가 너를 이끌어가마."

얼마만큼 내가 그를 의지하는가, 내가 얼마만큼 그의 이름을 신뢰하는가에 따라서 하나님과 나와의 관계는 달라집니다. 얼마나 기도했고 얼마나 금식했는지는 중요하지 않습니다. 금식이나 절식을 반대하는 것은 아닙니다. 오직 하나님께서 우리에게 보시는 것은 창조적 기도입니다. 하나님을 움직이고 새 일을 창조할 수 있는 그 기도의 자리에 들어와 있는지 없는지를 보시는 것입니다.

하나님이 주시는 새로운 무기

금식 기도를 하면서 "무엇을 받았습니다, 안 받았습니다."라고 할 때 저는 이렇게 말합니다. "금식기도를 많이 했으면 조금 들어가 보고, 덜했거든 한 끼 더 하시오. 한 끼 하고 그 다음에 몸에 숙달되면 두 끼하고, 그 다음에 잘 되면 조금 더하시오. 시간이 지나면 깨닫게 됩니다." 그러나 그 과정을 많이 거친 사람에게 이렇게 한마디 합니다. "그것을 해야 속이 편할 것 같아요? 속이 편하면 그렇게 하시오. 그러나 하나님께서 원하시는 것은 그것이 아닙니다."

하나님께서는 내 감정이 편한 것을 원하는 것이 아니고 새로운 일을 행할 수 있는 사람으로 변화되는 것을 원하십니다.

다윗이 주머니에 있는 조약돌을 물매에 겁니다. 그는 사람의 눈에는 보이지 않는 하나님의 전신갑주를 입고 있습니다. 이것이 바로 하나님의 숨겨놓은 방법, 하늘의 신비한 비밀입니다. 그것은 우리가 도저히 캐낼 수가 없습니다.

"당신의 뜻이 당신의 방법으로 이루어지게 하옵소서."라는 기도의 핵심은 바로 하나님 자신이 하실 일이라는 것입니다.

내가 할 수 있는 것은 하나님이 일어나서 할 수 있도록 난 불을 때는 것뿐입니다. 불을 땐다는 것은 무엇입니까? 자신의 영을 태운다는 것입니다. 자신의 영혼을 태우는 것입니다. 자신의 마음을 태우고 육체를 태운다는 것입니다.

그래서 다윗이 자기의 방법대로 물맷돌을 가지고 전쟁터에 나갔을 때 그 거대한 장군 골리앗을 하나님의 방법으로 깨뜨릴 수 있었던 것입니다. 만약 다윗이 사울의 무기를 가지고 갔다면 아마 처참한 죽음을 당했을 것입니다.

창조적 기도를 하는 자는 누가 옆에서 이렇게 기도한다고, 누가 옆에서 저렇게 기도한다고 해도 귀를 기울이지 않습니다. "하나님! 내가 당신께 가장 가까이 갈 수 있는 길이 무엇입니까? 내가 영으로 당신께 가까이 가게 하옵소서!"라고 기도할 때 우리에게 걸림돌이 하나 있습니다. 지금까지 가지고 있는 내 지식과 학력과 지혜와 내가 가지고 있는 물질이나 은사나 능력이 창조적 기도에 걸림돌이 된다는 사실입니다. 그것들이 가장 큰 장애물들입니다.

그래서 저는 이렇게 이야기합니다.

기도의 자리에 그런 것들을 가지고 왔으면 다 하나님께 반품하십시오. 이것들은 내 것이니까 주머니에 움켜쥐고 있으면 다 망합

니다. 그는 새로운 하나님의 무기를 받을 수가 없습니다. 하나님께
모두 반품하십시오. 다음에 사용할 때 새로운 무기를 달라고 기도
하십시오. 그러면 새 무기를 주십니다.

마지막으로 우리의 창조적 기도가 어떻게 진행되어야 하는지 살
펴봅니다.

창조적 기도는 나와 하나님과의 방법입니다. 그것은 하나님이
내게 주시는 나의 방법이지 다른 사람이 내게 주는 그런 방법이 아
닙니다.

창조적 기도는 마지막 끈 하나를 미련 없이 잘라버리는 것입니
다. 완전히 죽어버리는 것입니다. 쌀독의 쌀은 다 비워버리고, 주
머니에 있는 교통비 만원도 다 써버리고 툴툴 털어버리는 것입니
다. 비가 오면 비를 맞고, 바람이 불면 바람을 맞고, 밤이 되면 밤
길을 걸어가는 것입니다. 빈털털이로 걸어가면 그때부터 어떤 일
이 일어납니까?

하나님과 나 사이에 새로운 세계가 열리게 됩니다. 그 세계가 열
리기 전까지는 좋은 차 보면 타고 싶고, 좋은 집 보면 거기서 살고
싶습니다. 그러나 새로운 영적 세계가 열리면 그 모든 것들이 쓰레
기와 같이 보이게 됩니다. 그리고 하나님께 감사하게 됩니다.

그때부터 하나님과 나 사이에 새로운 역사가 창조됩니다. 그것
이 바로 창조적 기도의 세계입니다. 창조적 기도에 들어가게 되면
하나님께서는 친히 능력을 베푸십니다.

"너는 돌멩이만 던져라. 맞추는 것은 내가 맞춘다. 뚫고 가는 것

은 내가 할 일이지 네 팔의 힘을 가지고 하는 것이 아니다. 네가 명중을 해서 맞춘 것이 아니라 내가 그 자리에 맞췄고 내가 그 자리를 뚫고 들어가게 했고 내가 그를 죽인 것이다." 하는 하나님의 음성을 들을수 있기를 바랍니다.

여호와의 능력과 권세가 나타나기 때문에 창조적 기도야말로 기도 중에 가장 귀하고 복된 기도인 것입니다. 이 창조적 기도가 우리 가운데 스며들 때, 그 때부터 그는 하나님과 더불어 동행하는 삶이 됩니다. 하늘과 땅이 함께 어우러져 하늘의 뜻을 이 땅에 성취시키는 역사를 이루어가게 됩니다.

제8장

하나님을 선택하는 지혜

하나님의 깊은 세계

낮은 낮답게 밤은 밤답게

방심하는 틈을 노리는 사탄

매맞아도 하나님께 맞아라

늦더라도 기다려라

사단이 일어나 이스라엘을 대적하고 다윗을 격동하여 이스라엘을 계수하게 하니라 다윗이 요압과 백성의 두목에게 이르되 너희는 가서 브엘세바에서부터 단까지 이스라엘을 계수하고 돌아와서 내게 고하여 그 수효를 알게 하라 요압이 가로되 여호와께서 그 백성을 지금보다 백배나 더하시기를 원하나이다 내 주 왕이여 이 백성이 다 내 주의 종이 아니니이까 내 주께서 어찌하여 이 일을 명하시나이까 어찌하여 이스라엘로 죄가 있게 하시나이까 하나 왕의 명령이 요압을 재촉한지라 드디어 떠나서 이스라엘 땅에 두루 다닌 후에 예루살렘으로 돌아와서 백성의 수효를 다윗에게 고하니 이스라엘 중에 칼을 뺄만한 자가 일백 십만이요 유다 중에 칼을 뺄만한 자가 사십 칠만이라 요압이 왕의 명령을 밉게 여겨 레위와 베냐민 사람은 계수하지 아니하였더라 하나님이 이 일을 괘씸히 여기사 이스라엘을 치시매 다윗이 하나님께 아뢰되 내가 이 일을 행함으로 큰 죄를 범하였나이다 이제 간구하옵나니 종의 죄를 사하여 주옵소서 내가 심히 미련하게 행하였나이다 하니라 (대상 21:1-8)

하나님의 깊은 세계

우리는 하나님의 깊은 세계를 다 안다고 생각을 합니다. 초등학교 3학년 아이들에게 한글을 아냐고 물어보면 물론 다 안다고 대답합니다. 한글을 안다는 것은 한글로 된 교과서를 다 읽을 수 있다는 말입니다. 국어책, 사회책 등을 다 읽을 수 있다는 말입니다. 다 읽을 수 있다는 것은 이제 우리나라 말을 그가 외우고 익히기를 시작했다는 것을 뜻합니다. 대학교에서 국어 국문학을 공부합니다. 지금까지 내가 배운 것이 옹아리하는 수준, 말과 글에 있어서 초보적인 수준이라면, 국어 국문학은 우리나라 언어를 깊이 연구하고 가장 조리 있고 아름답게 표현하는 것을 배우는 것입니다. 국어 국문학을 공부하며 느끼는 것은 "아! 내가 지금까지 우리나라 말을 제대로 몰랐구나."하는 것입니다.

아름답다는 표현을 해봅시다. 꽃이 아름답다, 사람이 아름답다,

하늘이 아름답다, 바다가 아름답다, 나무가 아름답다, 새가 아름답다고 할 때 그것이 전부 같은 표현일까요? '아름답다' 는 말이 각각 다른 사물을 수식할 때는 제각기 다른 뉘앙스를 지닙니다.

우리는 가정에서, 혹은 교회에서 '사랑한다' 는 말을 자주 사용합니다. 사랑한다는 말이 도대체 무슨 뜻일까요? 남편이 아내를 사랑한다고 할 때, 아내가 남편을 사랑한다고 할 때도 사랑한다는 말은 의미가 다릅니다. 엄마가 딸을 사랑한다고 할 때와 아버지가 아들을 사랑한다고 할 때도 그 사랑의 깊이와 넓이는 다릅니다.

세 살짜리 딸이 퇴근한 아빠 품에 안겨서 "아빠! 사랑해요."라고 합니다. 그 말 속에는 어른이 느낄 수 있는 사랑의 감정이 들어 있지 않습니다. 어디에서 주워들은 것입니다. 그러나 시간이 지날수록 뭔가 모르게 아이도 아빠를 사랑하게 되고 가슴에 안길 때마다 사랑의 실제를 조금씩 조금씩 느끼게 됩니다. 냄새를 맡고 피부로 느끼고 아빠의 품 안에 안기고 양 손에 들려서 빙 돌려 들었다 놓았다 헹가리칠 때마다 아이는 사랑의 실체를 조금씩 느끼고 알게 됩니다.

장성한 사람이 되어서 가장 두려운 것은 '내가 무엇을 알았다' 는 사실입니다. 알았다는 것은 나는 하나도 모른다는 것에서 출발합니다. 부인을 사랑한다는 말, 혹은 남편을 사랑한다는 말 속에는 내가 내 지식으로 아는 것만큼 사랑한다는 의미를 지니고 있습니다. 사랑한다는 그 자체는 그가 체험하고 그가 느끼고 그가 필요로 하고 그가 아는 것만큼 사랑하는 것이지 그 이상은 사랑할 수 없습니다. 그 이상으로 사랑한다는 것은 도저히 불가능한 일입니다.

그래서 하나님의 말씀에 가까이 갈 때마다 두렵고 떨림이 있습니다. 안다는 말은 하지 말아야 합니다. 아는 것이 아니고 알려고 노력한다고 하는 것이 지혜로운 태도입니다. 우리는 알려고 노력함으로써 영적 접근(spiritual approach)을 해 나가는 과정에 있습니다. 미성숙에서 성숙으로 가는 과정입니다.

영적인 접근을 해 나가는 이 과정에서는 영적인 사람이 아니고는 도저히 냄새도 맡을 수 없고, 맛도 느낄 수 없으며, 소리도 빛도 체험할 수 없습니다. 그것을 느낀다는 것은 거짓말입니다. 못 느낍니다. 아기를 낳고 키워 보지 않은 사람이 어떻게 엄마의 마음을 알 수 있겠습니까?

창조적 기도를 내가 어떻게 할 수 있을까? 하나님께서 우리에게 주신 창조적 기도라는 이 과정 중에서 도대체 창조의 능력과 권세를 나타내는 실체는 무엇인가? 이런 생각을 하는 중에 흑암 속에 한 가지 딱 떠오른 것이 있습니다.

바로 이 순간이 내가 창조적 기도를 하는 시간이라는 것입니다. 다시 말하면 창조적 기도는 특별한 것이 아니라 내가 하나님의 사랑 속에, 내가 하나님의 권능 속에, 내가 하나님의 은총 속에 들어가는 이 순간이 바로 창조의 기도가 시작되고 익어가고 완성되는 시간이라는 것입니다.

하나님께서 우리에게 주신 하루는 그냥 의미 없는 하루가 아닙니다. 24시간 동안 창조적 사역을 일으키라고 주신 시간입니다.

그런 목적으로 주신 시간을 우리는 밟아 버리고, 깨뜨리고 뭉게 버립니다. 이런 생각을 할 때에 태산 같은 파도처럼 밀려오는 것이 있습니다.

주의 은총이 내게 밀려옵니다.

'나의 영혼으로 하여금 당신의 그 큰 은총 속에 내가 나무 잎새처럼 깊이 잠기게 하소서! 어부들이 바다에 던지는 낚시줄 끝에 달려 있는 납처럼 거기에 깊이 잠기게 하소서!'

그래서 창조적 기도가 나오는 이 과정은 바로 그가 얼마만큼 깊이 잠겼는지, 그가 얼마만큼 그 안에 녹아 들어갔는지에 따라 결정이 됩니다.

낮은 낮답게 밤은 밤답게

창조적 기도는 순간 순간마다, 사건마다, 분초마다 새롭게 그분이 내게 주시는 새로운 생명의 다음 시간입니다. 그것은 하나님께서 우리와 동역하시는 시간입니다.

80년대초에 청평 한얼산 기도원에 간적이 있습니다. 거기에는 예배가 새벽, 오전, 오후, 저녁, 4차례 있었습니다. 열 시쯤에 저녁 예배가 끝나 이왕 기도원에 온 김에 열심히 기도하려고 마음먹고 골짜기에 앉아서 기도를 시작했습니다.

사람들이 많아서 숙소는 차지하지 못하고 1인용 천막을 가지고 갔습니다. 계곡에 천막을 쳐 놓고 거기에서 기도를 하는데, 기도를 하다 보니까 새벽 4시가 넘어갑니다. 오늘을 위해 이제 내가 잠을 자야겠다고 생각했습니다. 1인용 천막이라 길게 발을 뻗지도 못하고 옆으로 자려고 누웠습니다. 늦게까지 기도했으니까 새벽 기도는 가지 않아도 되겠다고 생각하고 5시쯤 자리에 누워서 자려고 하는데, 갑자기 벼락같은 소리로 "일어나라!"고 합니다. 그래서 누운자리에서 후다닥 일어났습니다. 하지만 주변에는 아무도 없습니다. 그래서 또 누웠습니다. 그런데 또 "일어나라!"고 벼락 치는 소리가 나는 것입니다. 그 소리를 두 번 듣고는 더 이상 누워 있지 못하고 일어났습니다. 그리고 고개를 들고 두리번 두리번 하니까 본당에서 새벽기도회를 알리는 종소리가 들려왔습니다. 그 때에 하나님의 마음을 알게 되었고, 하나님이 내게 주신 은총에 대해 깊이 묵상하게 되었습니다. 그때 내가 깨우쳤습니다. "하나님의 시간은 하나님의 시간이다. 하나님의 시간은 하나님의 시간답게 사용해야 한다." 이렇게 산에서, 냉기 속에서 들려오는 것이 있었습니다. 그래서 잠자다 말고 일어나서 계곡을 내려가서 새벽기도회에 참석하게 되었습니다. 그 후에 하나님과 나 사이에 원칙이 생겼습니다.

낮은 낮답게 사용하고 밤은 밤답게 사용하는 것입니다. 낮을 내가 어떻게 쓰든지, 밤을 내가 어떻게 쓰든지 그것은 내 재주에 달려 있습니다.

우리 사랑하는 성도들이 주일에 새벽부터 밤중까지 봉사했다고 하나님이 얼마나 기뻐하는지 모릅니다. 파김치가 된 그에게 하나님이 뭐라고 하실까요? 내가 네게 이불이 되어 줄까? 아니면 내가 너 있는 그 곳에 따뜻한 온돌이 되어 줄까? 하나님은 그렇게 물으십니다.

그러나 그 밤이 새고 아침 해가 떠오르면 우리 하나님은 뭐라고 하실까요? "너희는 새 날을 장례 치르려 하느냐? 내가 네게 준 이 새로운 새벽이 되었는데 지금 너는 뭐하고 있느냐?"고 하십니다.

"나는 너를 창조하는데 새들보다도, 저 짐승들보다도 더 사랑을 쏟았다고, 마음을 쏟았노라."고 하십니다. 저것들은 내가 그냥 말 한마디로 만들었지만 너희들은 내가 직접 만들었다는 것입니다. "저것들도 일어나서 아침 노래를 하는데, 넌 무엇을 하느냐"고 하십니다.

"아버지요! 밤늦게까지 일했어요. 하나님 그것 아시잖아요."

하나님께서 말씀하십니다. "내가 너 누워 있는 방바닥을 따뜻하게 해 주는 온돌이 되어주랴, 아니면 포근한 이불이 되어주랴? 그렇게 하지 않았느냐? 그러나 그건 밤의 시간이고 아침 시간까지 내가 널 덮어 주면 내가 너를 위하여 만들어 놓은 낮이라는 시간이 무의미한 것이 되고 말지."

그 일이 있고 나서는 그 다음에 기도원 갈 때는 집회에 참석할 것인지 아닌지를 먼저 결정을 하고, 집회에 참석할 것은 철저하게 참석을 하였습니다.

밤늦게까지 기도한 것은 내 사정이고, 여기는 내 사정이 적용되는 곳이 아니라는 것입니다. 여기는 한얼산 기도원이고, 기도원의 규칙이 적용되는 곳이므로 내가 잠을 자야 할 것인가, 자지말아야 할 것인가는 스스로 결정하는 것이지만 새벽에 예배가 있으므로 예배에 참석해야 한다는 것입니다.

그 후로는 사람이 없는 개울가에 지어놓은 조그만 초막을 찾아

갔습니다. 차가 들어갈 수 있는 곳까지 차를 끌고 다니면서 어디든지 정차시켜 놓고 집회가 없는 곳으로 찾아갑니다. 그리고 거기에서 사람들의 구속을 받지 않고 기도를 하기 시작합니다. 그때 하늘의 노래가 들려옵니다.

하늘의 노래가 무엇입니까? 바람에 흔들흔들하는 잎사귀들의 노래, 새들의 노래, 사람의 찬양대보다 더 웅장하고 아름다운 자연의 찬양대입니다. 인간의 찬양과는 비교할 수 없는 하늘의 곡조입니다.

거기서부터 하나님이 내게 주시는 하늘의 은혜가 무엇인지 생각하게 됩니다. 내 기도 속에 내 생명이 들어가도록 해달라고 기도합니다. 우리의 기도 속에 하나님의 생기가 들어온다는 것은 복 중의 복입니다.

그것을 돈으로 따진다면 어마어마한 숫자일 것입니다. 그런데 그것들이 우리에게 들어옵니다. 돈과는 관계가 없습니다. 돈으로 살 수 없는 것이 하나님의 은혜입니다.

방심하는 틈을 노리는 사탄

하나님의 은혜 사랑을 그렇게 입은 다윗도 한 가지 모르는 것이 있었습니다. 몰래 엎드려 숨어 있는 존재입니다. 그것은 곧 사탄입니다. 사탄이 우리 뒤에 딱 엎드려 있습니다. 우리의 기도가 살아 있느냐 죽어 있느냐의 차이는 이것입니다. 기도가 살아 있을 때는 숨어 있는 사탄의 정체를 간파합니다. 그러나 기도하지 않는 사람, 기도를 제대로 하지 않는 사람은 마루 밑에 숨어 있는 그 사탄의 그 정체를 알지 못합니다.

시골에서는 개집이 따로 없으니까 그냥 마루 밑에서 자는 개들이 많이 있습니다. 거죽대기 하나만 갖다 놓으면 비를 피해 매일 거기서 자는 것입니다. 마루 밑에 강아지가 자기 집 만들어 놓은 것처럼 사탄이 딱 꿇어 엎드려 우리의 출입을 살펴봅니다.

다윗은 신앙생활을 하다가 한순간에 방심을 했습니다. 약간 쉬는 방심을 했습니다. 하나님께서 다윗이 쉬고 있는 것을 가만히 쳐다보고 계신 그 사이에 사탄이 다윗에게 가까이 와서 그를 격동시켰습니다. 그렇게 되어 있습니다. 누구든지 여러분을 격동시키면 내 기도가 하나님 앞에 죽어 있다고 생각하고 지혜롭게 대처할 수 있어야 합니다.

21장 1절을 봅니다. 다윗이 인구 조사를 하게 된 근본 의도는 자신의 군사력이 얼마나 강한지를 보기 위함이었습니다. 물론 세금 징수나 복지 정책을 위해서 인구 조사를 한 이유도 있지만 가장 근본적인 의도는 우리의 군대가 얼마나 막강한지를 확인하고자 하는 마음이 다윗에게 있었던 것입니다. 그것은 확실히 사탄이 준 생각입니다. 사탄이 다윗으로 하여금 모든 전쟁의 주관자가 누구인지를 망각하게 하였습니다. 지금까지 다윗을 누가 보호했습니까? 누가 다윗을 왕위에 앉게 했는지를 망각하게 했습니다.

처음에는 다윗이 기름 부음 받을 자리에 있지 않았습니다. 원래 그 자리가 아니었습니다. 다윗은 기름을 붓는 자리에 끼어 있지 않았습니다.

사무엘이 하나님의 지시에 따라 이새의 아들들 중에서 다음 왕이 될 사람을 택하여 기름을 부으라고 할 때 다윗은 이새의 마음과 계획에 전혀 들어 있지 않았습니다.

그는 들에서 양을 지키고 있었습니다. 이새의 장남부터 차례대로 와서는 왕이 될 만한 재목이라고 했습니다. 사무엘이 하나님께 물었으나 하나님은 계속 아니라고 하셨습니다.

인간적인 눈으로 보아서는 훌륭하나 하나님의 눈으로 보실 때는 기름부음을 받을 만한 인물이 아니었습니다. 사무엘은 실망을 했습니다. 기름을 부으라고 해 놓고 사람이 없으니 말입니다. 마지막에 서 있는 그 아들까지도 아니라고 하셨습니다.

사무엘이 그 아비 이새에게 아들이 이들뿐이냐고 묻습니다. 이새는 말째가 있긴 있는데, 양이나 지키는, 보잘것없는 목동이라고 합니다. 그 아들은 별것 아니라고 말합니다. 그러자 남아 있는 그를 불러 오라고 해서 불러 오니까 하나님께서는 "그 사람이다!"하십니다.

그에게 기름 부으라고 하십니다. 건장하고 잘생기고 미남인 형들을 다 마다하시고 허름한 옷을 볼품없는 양치기에게 가름을 부으라는 것입니다. 사무엘도 놀라고 이새와 형들도 놀랐을 것입니다. 아마도 형들의 분노가 하늘까지 닿았을 것입니다.

그런데 그렇게 하나님의 선택의 은총을 받은 다윗이 어떤 일을 합니까? 한순간에 그가 기도를 끊어 버리자, 다시 말하면 기도의 숨을 멈춰 버리자 사탄이 그를 격동시켰습니다. 영이 고통으로 인하여 기절한 사이에 혼을 유혹해서 교만하게 만든 것입니다.

다윗이 지금까지 백성을 다스려 오면서, 수없는 전쟁을 거쳐 오면서 전쟁의 왕은 누구인가를 알고, 출애굽의 역사를 알고 있었습니다. 전쟁은 하나님께서 친히 하시는 것임을 알았습니다.

창조적 기도와 전쟁에 대해서는 좋은 예가 하나 있습니다. 아말렉과의 싸움에서 여호수아는 들판에서 전쟁을 하고 모세는 하나님께 더불어 기도했습니다. 하나님께 기도하기 위해 모세는 산꼭대기로 올라갔습니다. 아말렉과 이스라엘 백성과의 전쟁이 벌어졌습니다. 그런데 모세의 기도가 진행되면, 기도가 살아 있으면 누가 이겼습니까요? 이스라엘이 이겼습니다. 그러나 모세의 기도가 내려가면 아말렉이 이기고 이스라엘은 패했습니다(출 17:8-13).

이제 창조적 기도가 우리 현실의 삶과 중요한 연관이 있다는 사실이 드러납니다. 우리 현실의 삶과 이 창조적 기도의 차이는 도저히 떼려야 뗄 수 없는 불가분의 관계에 있습니다. 창조적 기도라는 것은 막연히 하나님의 세계에서 일어난다고 생각하는데 그것이 아닙니다. 창조적 기도는 우리의 현실의 삶에서 그대로 적용이 됩니다. 만약 우리의 기도가 현실의 삶에 적용이 되지 않는다면 우리 기도에는 하나님이라는 알맹이가 빠져 있습니다. 내가 만들어 놓은 허상일 수가 있습니다.

블레셋과의 싸움에서 이스라엘 백성이 패하자 법궤만 갖다 놓으면 블레셋과 싸워 이길 것이라고 생각하여 엘리의 아들 홉니와 비느하스가 법궤를 메고 전쟁터에 왔습니다. 그러나 법궤를 메고 온 제사장도 한순간에 그 자리에서 같이 죽고, 법궤는 빼앗기게 됩니다.

우리의 기도가 전쟁터에 나왔다고 해서 다 되는 것이 아니라 빼앗길 수도 있다는 것입니다. 법궤를 뺏기듯이 우리의 기도가 죽을 수도 있습니다. 제사장의 두 아들이 동시에 한자리에서 같이 죽는 것처럼 말입니다.

 창조적 기도와 영의 성숙

창조적 기도의 역사가 일어난다는 것은 하나님의 생명, 하나님의 생기가 그 안에 있다는 것입니다. 하나님의 생기가 있느냐 없느냐가 관건입니다. 우리가 아무리 지붕이 들썩들썩할 정도로 소리를 치고, 몸부림치며 땅바닥이 꺼져라 두드리며 울며 기도해도 우리의 기도 안에 하나님의 생명이 없으면 창조적 기도의 역사는 일어나지 않습니다.

매맞아도 하나님께 맞아라

　다윗이 요압에게 인구 조사를 시켰습니다. 요압이라는 사람은 군과 관계된 일을 하는 사람입니다. 다윗의 인구 조사는 자신의 막강한 군사력이 얼마나 되는지를 알아보려는 것입니다.

　다윗은 자신을 오늘까지 있게 하신 그분의 은혜를 깜박 잊어버린 것입니다. 그때에 문지방 밑에 숨어 있던 사탄이란 놈이 그대로 튀어 나옵니다. 제대로 낚아챕니다.

　사탄은 다윗을 격동시켰습니다. 사탄은 다윗으로 하여금 얼마만큼 막강한 파워를 가지고 있는지 보라고 충동질 하였습니다. 전쟁은 하나님의 손 안에 있음을 망각하고 인구 조사를 하고 나니까 하나님께서 그의 선견자 갓을 통하여 다윗을 책망하십니다. 다윗에게 세 가지 형벌을 줄 터인데 그 중에 하나를 선택하라고 합니다. 그 세 가지가 무엇입니까?

첫째가 3년 기근이요, 둘째는 3개월 동안 대적으로부터 패하여 쫓기는 것, 셋째는 3일 동안 이 백성에게 온역이 쓸어 가게 하는 것입니다.

생각해 보십시오. 3년 흉년이면 어떤 일이 벌어집니까? 나오미는 흉년이 드니까 하나님의 떡이 있고, 하나님의 말씀이 있는 베들레헴을 떠나 이방으로 가자고 했습니다. 흉년이 들면 하나님의 말씀이고 뭐고 다 소용 없게 됩니다. 결국 나오미는 남편과 두 아들을 잃었습니다(룻 1:1-5).

성경에 또 하나의 흉년의 모습이 있습니다. 등가죽이 배에 붙은 두 여인이 서로 앉아서 오늘은 네 아들을 삶아 먹고 내일은 내 아들 삶아 먹자고 합니다. 흉년은 무서운 것입니다(왕하 6:24-30).

두 번째 형벌은 3개월 동안 대적으로부터 쫓기고 패망하는 것입니다. 언제 어느 순간에 화살을 맞거나 칼을 맞아 죽을지 모릅니다. 언제 포로가 될지도 모릅니다. 위기일발이요 풍전등화입니다. 전쟁에 패해서 쫓긴다는 것은 죽음의 예비자리로 가는 것입니다. 죽음의 자리에 가겠느냐는 것입니다.

세 번째 형벌은 3일간 온역이 쓸고 가는 것입니다. 온역이 지나가면 수만 명이 목숨을 잃게 됩니다. 하나님께서는 다윗에게 세 가지 재앙 중에 하나를 선택하라고 명하십니다.

그때 우리는 다윗의 기도를 봅니다. 그가 어떤 기도를 했습니까? "내가 사람의 손에는 안 갈 것입니다. 내가 죽어도 좋고 망해도 좋고 어떤 어려움을 겪어도 좋지만 나는 하나님의 손에 나의 최

후를 맡길 것입니다.” 다윗은 그렇게 기도했습니다. 그런데 우리
는 기도하는 자리마다 하나님을 옆에다 두고 자꾸만 사람을 의지
하려고 합니다. “사람들이 날 도와주지 않으려나? 그들이 어떻게
해 주지 않으려나?”하는 엉뚱한 생각을 합니다.

다윗의 기도는 ‘사람보다 하나님께로’ 입니다. 다시 말하면 ‘사
람을 신뢰할 것인가, 하나님을 신뢰할 것인가’ 입니다. 여러분은
사람을 신뢰하겠습니까? 하나님을 신뢰하겠습니까?

사람을 향하여 기도하겠습니까? 아니면 하나님을 향하여 기도
하겠습니까? 우리 모두가 다 입술로는 하나님을 향하여 기도한다
고 하지만 속으로는 어떤 사람을 두고 기도할 수가 있습니다. 그것
이 얼마나 허망한지 알게 됩니다.

이것을 기억하시기 바랍니다. 어떤 사람에게 두세 번 가서 돈을
꾸면 그 다음에는 친척이라도 없다고 하기 전에 한 번 더 기회를
줍니다. 이건 내 돈이 아니고 어디서 꾸어온 것이고 이자는 얼마라
고 합니다. 같은 형제끼리도 그 말을 하다가 나중에는 아예 없다고
합니다. 이것이 한 엄마의 뱃속에서 나온 형제들의 모습입니다.

같은 젖꼭지를 빨아 먹고 같은 방에서 한 이불 덮고 자란 형제들
도 돈 꾸어달라고 몇 번만 오게 되면 없다고 가라고 합니다.

그런데 우리 하나님은 참 놀라우시고 신비하신 분이십니다. 우
리는 하나님을 보아야 합니다. 안 보았으면 눈을 크게 뜨고 똑바로
보아야 합니다. 우리 하나님은 한 번 가고 두 번 가고 열 번 가고
백 번 가도 자꾸 오면 올수록 더 좋아하지, 한 번도 그만 오라고 하

지 않으십니다. 우리를 내쫓지 않으십니다.

우리가 한참 기도할 때 "그만해라. 나 바쁘다."하시는 하나님을 보았습니까? 우리는 그런 멋진 하나님과 멋지게 살아야 합니다. 어떻게 멋지게 살 것입니까? "내 것 다 당신 것이고 당신 것은 다 내 것입니다."라는 믿음으로 사는 것입니다. 내 것이 당신 것이고 당신 것이 내 것이라는 노래는 언제 나옵니까? 진짜 사랑할 때 그 노래가 나옵니다. 진짜 사랑을 하기 전에는 이 노래가 나오지 않습니다.

하나님께서 제시하신 세 가지 형벌 중에서 다윗이 선택한 것은 죽어도 좋으니 사람의 손에 피하는 것이 아니라 하나님의 손에 피하는 것이었습니다. "내가 사람의 손에는 안 갈 것입니다. 내가 죽어도 좋고 망해도 좋고 어떤 어려움을 겪어도 좋지만 나는 하나님의 손에 갈 것입니다."라는 것이 다윗의 기도였습니다.

다윗은 죽음의 위급한 상황에서도 인간을 의지하지 않겠다고 고백합니다. 그것이 다윗의 창조적인 기도입니다. 인간을 의지하지 마십시오. 그럼 무엇을 의지해야 합니까? 하나님만을 의지하십시오.

곰탕을 끓일 때 푹푹 고아서 뼈를 계속 우려냅니다. 그러나 아무리 잘 우러나온다 하더라도 한계가 있습니다. 어느 정도 시간이 지나면 진국이 나오지 않습니다. 그러나 우리 하나님은 아무리 우리고 우려내도 계속해서 진국이 나옵니다. 끝이 없는 분이십니다. 창조적 기도가 진행되면 진행될수록 끝이 없이 멋진 이야기가 나옵니다.

늦더라도 기다려라

하나님께서는 다윗의 기도를 들으셨습니다. 하나님의 사자가 이스라엘을 휩쓸어 가면서 7만 명을 죽였습니다. 그런데 하나님은 다윗의 가족에게는 하나도 손을 대지 않으셨습니다. 우리 같으면 다윗이 잘못했기 때문에 다윗의 가족부터 쳐야 한다고 생각할 텐데, 우리 하나님께서 다윗을 생각하시는 것을 보면 그냥 눈물이 펑펑 나옵니다.

다윗이 죄를 뉘우치고는 정신이 바짝 듭니다. "하나님! 죄는 내가 지었는데, 왜 우리 백성들에게 죽음을 가져옵니까? 하나님! 치시려면 저를 치시고 제 가정을 치십시오."라고 말합니다.

우리 하나님은 참 멋쟁이십니다. 하나님께서는 이스라엘을 멸하고자 하신 것을 뉘우치사 그 징계를 하는 사자에게 그만하라고, 그것으로 족하다고 하십니다.

우리 하나님의 마음은 회초리를 둔 어머니의 마음과 똑같은 것입니다. 몇 번 때리다가 아이가 엄마를 쳐다보며 잘못했다고 하면 엄마의 손의 힘이 한순간에 빠져 버립니다. 그리고 매를 버리고 아이를 감싸 안습니다. 껴안고 눈물 닦아주고 가슴에 안고 위로해 줍니다. 하나님께서도 다윗의 기도를 듣고 뉘우치사 하나님께서 백성들을 껴안아 주신 것입니다.

창조적 기도에 대해서 생각할 때마다 깜짝 놀랄 일이 있습니다. 창조적 기도는 우리가 상상한 그 범위를 훨씬 뛰어 넘는 것입니다.

그분이 우리에게 무엇을 해주시는지 우리는 전혀 모릅니다. 그분이 누구를 통해서 어떻게 역사하는지는 아무도 모릅니다. 그러므로 신비하다고밖에는 말할 수 없습니다. 그분의 역사하심은 우리의 상상을 초월합니다.

우리가 한 가지 꼭 알아야 할 것이 있습니다.

"기도를 이 정도 했으면 하나님이 들어주시겠지."라는 오만한 마음을 갖는 것입니다. 그러나 하나님께서는 우리에게 성경을 통하여 말씀하십니다. 하나님이 우리의 기도를 들어주신다고 분명히 약속했습니다. 그러나 우리는 자꾸 착각을 합니다. 들어주신다는 것을 무엇인가를 해주신다는 것으로 착각을 하는 것입니다. 그래서 그 자리에서 다 된 줄로 압니다.

하나님이 기도를 응답하신다는 것은 그때부터 하나님께서 움직인다는 것을 말하는 것입니다. 무엇을 해 준다고 할 때는 그때부터 하나님이 하시겠다는 의사를 표시하는 것입니다.

하나님이 응답하시는 시점이 한 달 후가 될지, 1년 후가 될지, 5년 후에 될지, 10년 후에 될지는 아무도 모릅니다. 그러므로 우리는 말씀에 걸려 넘어지지 않기 위해서 그것이 이루어질 때까지 쉬지 말고 기도해야 합니다. 그것이 이루어 질때까지 기도를 중단 하지 말라고 했습니다. 언젠가는 반드시 하나님께서 이루어 주십니다. 그분이 이루어주실 때까지, 성취될 때까지 끝까지 기도를 쉬지 말아야 합니다.

예수님께서 성전에서 할례 받으러 오실 때 그 성전을 지키던 과부 하나가 있었습니다. 그녀는 아기 예수께서 성전에 와서 하나님께 바쳐지기 전까지 기도하며 그곳을 떠나지 말고 기다리라는 명을 받았습니다. 그 기도가 84년 만에 이루어진 것입니다. 아기 예수께서 하나님께 복명되는 것 보고 나서야 그녀는 편히 죽을 수 있게 놓아 달라고 기도했습니다.

우리에게는 조갈증이 있습니다. 이 해가 지기 전에, 이 주간이 가기 전에, 이 달의 달력이 찢어지기 전에, 금년 12월이 가기 전에, 새해가 오기 전에 무엇인가 이루어지기를 바랍니다. 그러나 우리가 계산하는 인간적인 시간은 하나님의 계획과는 무관합니다. 하나님의 계획은 따로 진행이 됩니다.

가장 좋은 것은 무조건 순종하는 것입니다. 그냥 기도만 하고 순종하십시오. 그런데 그 기도하는 것은 멍하게 앉아서 기다리는 것이 아니요 순간순간 사랑하는 사람을 기다리는 마음으로 하나님의 일어나심을 기다리는 것입니다. 연애하는 사람들을 보십시오. 미리 가서 기다리고 상대가 올 때까지 시계를 계속 들여다봅니다.

우리는 그렇게 하나님의 응답을 기다려야 합니다. 사슴이 시냇물을 찾기에 갈급함과 같이 우리는 하나님의 음성을 애타게 기다려야 합니다. 비록 응답이 늦어지더라도 낙심하지 말고 하나님의 은혜를 사모하는 마음으로, 소망 가운데 인내를 가지고 기다려야 합니다.

여러분은 3개월짜리 토마토 나무가 되렵니까? 5년짜리 사과나무가 되렵니까? 응답이 빨리 오지 않는다고 조바심을 내지 마십시오. 사과나무가 뿌리가 심겼다 뽑혔다 하면 죽습니다. 하나님께서 우리의 기도에 늦게 응답해 주시는 것은 우리가 사과나무라는 것을 하나님께서 알고 계시기 때문입니다. 하나님께서는 더 좋은 것으로 응답해 주시기를 원하십니다.

온역으로 인하여 이스라엘 백성이 7만 명이나 죽는 그 자리에서 하나님께서는 다윗에게 손 끝 하나 대지 않으셨습니다. 다윗의 가정에도 손끝 하나 대지 않았습니다. 우리 하나님에게 있어서 생명은 다 같은 생명인데, 왜 7만 명의 목숨을 치시면서도 다윗은 살리셨는지에 대해서는 천국 가서 하나님께 묻도록 합시다. 단지 우리가 여기에서 추측할 수 있는 것은 그분의 사랑이 얼마나 깊고 넓은지 도무지 헤아릴 수 없다는 사실입니다. 그것 외에 우리가 할 수 있는 말은 아무 것도 없습니다.

제9장

예수님과 하나 되는 기쁨

하나님을 영화롭게 하는 과정

영의 구원은 생명의 구원

영혼의 치료자 예수님

하늘에 속한 사람

하나가 되는 것의 진정한 의미

예수께서 이 말씀을 하시고 눈을 들어 하늘을 우러러 이르시되 아버지여 때가 이르렀사오니 아들을 영화롭게 하사 아들로 아버지를 영화롭게 하게 하옵소서(요17:1)

하나님을 영화롭게 하는 과정

우리가 어떻게 우리의 삶을 엮어 가야 할 것인지에 관한 말씀입니다. 요한복음 17장 1절에서 예수께서는 "아버지여 때가 이르렀사오니 아들을 영화롭게 하사 아들로 아버지를 영화롭게 하소서."라고 기도하셨습니다. 이 말씀은 예수께서 제자들에게 하신 말씀, "추수할 것은 많되 일꾼이 적으니 그러므로 추수하는 주인에게 청하여 추수하는 일꾼들을 보내 주소서 하라."(마 9:37-38)와 연결되는 것입니다.

예수께서는 때가 이르렀다고 말씀하십니다. 그 때는 예수께서 자신을 이 세상에 보내신 아버지의 일을 완성하시는 때를 말합니다. 그리고 예수께서는 자신으로 하여금 아버지를 영화롭게 하는 자리에 들어가도록 간구합니다. 이 영화롭게 하는 자리가 어떤 자리입니까? 영화롭게 한다는 것은 아버지의 뜻을 내가 이룬다는 것입니다. 그런데 그 뜻을 이루는 방법은 십자가의 죽음입니다. 현실의 죽음으로 미래의 부활 생명을 태어나게 하십니다.

그런데 하나님을 영화롭게 하는 과정이 있습니다.

첫째는, 그분의 부르심에 내가 응답하는 것입니다. 예수께서 우리를 추수할 일꾼으로 부르실 때 응답하고 나아가는 것입니다. 들판에 곡식이 무르익어 머리를 숙이고 있는데, 그냥 내버려두면 썩게 됩니다. 그래서 추수할 일꾼이 절실히 필요한 것입니다. 우리는 일꾼으로 부르심을 받고 하나님의 음성을 들은 자들입니다. 부르심의 음성을 들은 자들은 "예! 여기 있습니다. 나를 당신의 일꾼이 되게 하옵소서."라고 순종하는 마음으로 기도하며 응답해야 합니다.

마음의 기도를 한 사람은 일어서서 갈 채비를 해야 합니다. 앉은뱅이로 있어서는 안 됩니다. 기도하면 나머지는 하나님이 다 해주신다고 생각하고 가만히 앉아 있는데 이는 얼마나 어리석은 짓인지 모릅니다. 하나님의 뜻을 오해하는 것입니다.

물론 하나님께서는 해주십니다. 그러나 우리가 간과해서는 안 되는 사실이 있습니다. 두 손을 펴 보십시오. 이렇게 두 손이 닿으면 무언가 만들어집니다. 어떤 소리가 나옵니다. 하늘과 땅이 닿으면 없던 소리가 나옵니다. 하나의 창조적인 역사가 일어납니다. 그러나 하나님의 뜻과 내 뜻이 엇박자일 때는 창조의 역사가 일어나지 않습니다.

기도의 자리가 바로 그것입니다. 나는 내가 열심히 한쪽 손을 내휘두른다고 해서 하나님이 틀림없이 들어주실 것이라고 생각하지만 그것은 아닙니다. 하나님의 손도 내가 기도하는 자리에서 같이 부딪혀야 창조적 기도의 결과가 일어납니다.

창조적 기도의 결과가 어디서 일어나는가 하나님과 내가 한 마음 될 때 그때 우리 손바닥이 부딪칠 때 소리가 나듯이 역사가 일어난다는 것입니다. 그래서 하나님이 부를 때 "네! 여기 있습니다."라고 즉각 응답해야 합니다.

그 다음에는 그분이 우리에게 원하시는 것이 우리가 떠날 채비를 갖추는 것입니다. 준비하지 않고 무작정 일어나는 사람이 얼마나 많은지 모릅니다. 무기 없이 적진으로 뛰어드는 사람이 참 많이 있습니다. 훈련 없이 적진으로 뛰어드는 사람은 그 결과가 어떻게 되겠습니까?

훈련을 하고 무기를 갖추는 것은 전쟁터에 나가는 자들의 필수적인 조건입니다. 필수 조건은 이것 아니면 실패하고 죽는다는 것입니다.

그것을 우리는 이렇게 볼 수 있습니다. 칼집 껍데기는 가지고 있는데 그 안에 정작 필요한 칼이 없을 경우에는 칼집이 필요 없습니다. 들고 다닐 필요가 없습니다. 총은 있는데 그 안에 총알이 없을 때도 마찬가지입니다. 그 총은 가지고 다녀보아야 무익한 것이요 짐만 됩니다. 싸움에서 이기고자 하는 자는 반드시 제대로 된 무기를 가지고 나와야 합니다.

블레셋과 이스라엘과의 사이에 전쟁이 벌어졌습니다. 그 싸움에서 이스라엘은 패배했습니다. 싸움에서 패하자 이스라엘의 지도자들이 모여서 의논을 했습니다. 여호와의 신이 있는 법궤를 가져오면 저 사탄의 무리들을 이길 수 있을 것이라고 생각했습니다. 그런데 그 당시에 이미 법궤는 여호와의 신이 떠난 뒤였습니다. 멍청한 엘리 제사장과 사악한 그의 두 아들이 법궤를 메고 왔습니다.

블레셋 사람들이 법궤를 무서워했습니다. 저 법궤가 홍해 바다를 가르고 사막 길을 걷게 하고, 바위를 치니까 수십만 명이 먹을 수 있는 큰 샘물이 흘러나오고, 하늘에서 양식을 내려주는 것이라고 생각했습니다. 그렇게 신기한 법궤가 전쟁터에 왔는데 우리가 이길 수 있느냐고, 우리가 지게 되면 우리 남자들은 몰살당하고 우리의 처와 자식들은 노예가 되고 저들의 노리개감이 된다고 생각했습니다.

그래서 그들은 죽기를 결심하고 싸웠습니다. 법궤가 오히려 블레셋 사람들을 격발시켜 죽을 각오로 싸우게 한 것입니다. 이스라엘은 법궤도 빼앗기고 완전히 전쟁에서 지게 되었습니다. 하나님의 신이 떠난 빈 법궤만 쳐다보고 의지하다가 망했습니다.

영의 구원은 생명의 구원

훈련이 얼마나 중요한지 모릅니다. 훈련이란 우리가 실제적으로 현장에서 사용할 수 있는 모든 상황을 다루는 것입니다. 백병전 할 때 총 앞에 칼을 달아 놓고 그것으로 상대방의 가슴을 찌르는 연습을 합니다. 찌르고 빼고 둘러치기를 하고, 그 다음에 업어치기를 반복해서 연습합니다. 오랜 시간 동안 습득을 하게 되면 나중에는 자동으로 됩니다. 그런데 어리석은 사람은 이론으로만 동작을 익힙니다. 그렇게 지식으로만 동작을 익힌 자는 실제 전쟁터에 나가서 이길 수가 없습니다. 머리는 돌아가는데 몸이 자동으로 돌아가지 않습니다.

추수하러 가기 전에 우리가 갖추어야 할 것이 무엇입니까? 추수할 수 있는 모든 노하우를 갖추는 것입니다. 모든 기술, 지혜, 지식, 경험들을 갖추고 실제 훈련도 해야 합니다. 그렇지 않은 사람은 패하게 되어 있습니다.

또 하나 우리가 갖추어야 할 것은 생명입니다. 생명을 가지고 가지 않으면 가서 육체를 살릴 수 없습니다. 병든 자를 치료할 수 없고, 정신병자를 치유할 수 없습니다. 실패한 자를 성공으로 이끌 수도 없고 실망에 빠진 자들에게 비전을 줄 수도 없습니다. 생명이 없으면 패하는 것입니다. 그것은 곧 하나님의 생기입니다.

열 명의 문둥병자가 예수님께 와서 간청합니다. "나사렛 예수여! 우리를 불쌍히 여기사 우리를 망하게 하는 이 저주의 병에서 우리를 건져 주십시오."

예수님께서 제사장에게 가서 보이라고 하셨는데 가는 도중에 모두 다 치료되었습니다. 그런데 그 열 명 중에 아홉은 감사의 인사도 없이 가버리고 한 명만 예수님께 감사를 드렸습니다. 그 아홉은 하나님의 택함을 받은 이스라엘 백성이었고 한 명은 이방인이었습니다.

그는 "선생님이여! 이렇게 내 문둥병이 나았습니다. 내 몸을 보십시오. 감사합니다."라고 인사를 했습니다. 실제로 믿음의 세계에 들어가 보면 믿는다고 자만한 사람들, 오래 믿었다고 자부하는 사람들, 뭔가 내가 가지고 있다고 생각하는 사람들은 알맹이, 곧 영적 구원을 놓치는 수가 많습니다. 하나님의 은혜로 병도 낫고 형편도 피고 집사, 장로 되고 교회 일도 열심히 하는데 정작 그 심령에 생명이 없습니다. 영의 구원이 없다는 말입니다. 육체의 구원은 있고, 정신의 구원은 있고, 환경의 구원은 있을지 몰라도 그 안에 생명의 구원이 없습니다. 육체는 치유받았으나 영혼의 치유함은 받지 못했습니다. 영을 구원할 천재일우의 기회를 놓친 것입니다.

예수님께서는 "나머지 아홉은 어디에 갔느냐?"라고 물으십니다. 추수하는 일꾼의 사역은 혼이나 육이나 환경의 구원이 아니요 영혼의 구원입니다. 영혼을 구원하는 일입니다. 영이 빠져 버렸으니 핵심이 빠져 버리는 것입니다. 그래서 예수님께서는 열 명의 문둥병자를 치료해 주시면서 그들의 영을 구원하려고 하셨습니다. 그런데 아홉 명은 끝까지 남아 있지 못하고 가버렸습니다. 인간의 지식, 인간의 경험, 인간의 계산으로 이 정도면 되었다라고 생각한 것입니다.

그들은 영은 구원을 받지 못하였습니다. 우리의 사역에서 만약 이런 일이 벌어진다면 반드시 하나님의 진노를 받을 일입니다. 선교 사역에 있어서 가장 중요한 것은 사람의 영을 구원하는 일입니다. 영을 구원하는 데 궁극적인 목적을 두어야 합니다. 그런데 하나님의 양식을 먹은 자만이 영혼의 양식을 줄 수 있다는 사실을 알아야 합니다. 그렇지 않고는 영혼을 구원할 수가 없습니다.

하나님의 양식이 무엇입니까? 그것은 하나님의 일을 하는 것입니다. 예수님께서는 하나님께서 내게 주신 일을 하는 것이 자신의 양식이라고 말씀하셨습니다.

사역을 하는 것을 곧 하나님의 일을 하는 것이라고 생각하는데, 하나님은 그것을 거절하십니다. 그것은 한 방편이고 과정이지 궁극적인 목적인 영혼 구원은 아닙니다.

영혼의 치료자 예수님

예수님께서는 문둥병자들에게 치료하는 과정을 주셨습니다. 제사장에게로 가는 길에 그들이 뛰어가든지 걸어가든지 손잡고 가든지 노래를 부르고 가든지 일절 관여하지 않으셨습니다.

제사장에게 그들의 몸을 보이라고 할 때는 그들이 무슨 방법으로 가든지 한마디도 안 하시고 그냥 가라고 했습니다. 그러나 그 과정 중에 예수님께서는 하나님께서 하라고 하신 일을 하셨습니다. 문둥병이 치료되게 하셨습니다. 그리고 난 다음에 예수님께서는 진짜 치료, 즉 영의 치료로 들어가시고자 하셨습니다. 육체의 치료가 아니라 영혼의 치료입니다. 영혼의 치료가 빠진 치료는 일시적인 것입니다.

육체의 치료도 치료의 한 부분이지만 그것은 진짜 목적이 아닙니다. 진짜 목적은 영혼의 치료입니다. 영혼의 치료를 하기 위해서는 그 안에 그가 갖출 수 있는 모든 필수 조건들이 다 갖추어져야 합니다. 필수 조건들을 갖추지 않을 경우에 영혼의 치료가 불가능하게 됩니다.

1992년도에 제가 동역자들과 함께 러시아에 선교여행을 다녀온 적이 있습니다. 한 열흘 정도 러시아 교회에서 사역도 하고 신학교에서 강의도 했습니다. 통역은 그 쪽에 있는 교포가 했습니다. 주일에는 예배도 드렸습니다. 그런데 거기는 공공장소를 유료로 빌려서 예배를 드립니다.

가기 전에 그곳의 선교사님에게 우리가 무엇을 가져가면 좋은가 물었더니 스타킹과 양말을 많이 가져 오라고 합니다. 그런 것들이 아주 비싸게 팔렸던 모양입니다. 그리고 부피가 적고 많이 가져 갈 수 있는 물건들을 가져오라는 것이었습니다. 그 당시에는 비행기에 큰 박스로 짐을 실어도 별로 체크를 안 했습니다. 그래서 한국에서 물건들을 잔뜩 가지고 갔습니다.

그런데 사람들이 예배드릴 때는 졸고 저희들끼리 잡담하다가 예배가 다 끝나고 나서는 교회 입구에 줄을 서서 양말과 속옷을 받아 갑니다. 전부 물건을 받으러 교회에 온 것입니다. 두 주일을 그렇게 지내면서 다 나누어 주었습니다.

그들이 교회에 오는 목적은 예배를 드리고 하나님을 만나기 위한 것이 아니라 물건 하나 가져가기 위한 것이었습니다. 예수는 어디로 가버리고 없었습니다. 참으로 허무한 일입니다.

중국에서 선교하시는 분의 이야기입니다. 처음에는 한국에서 목사님들이 옷도 가져가고 물건도 가져가니까 좋아합니다. 그런데 여러 번 가니까 그들이 목사님의 설교에는 관심도 없고 목사님들이 가져온 물건에만 관심을 갖더라는 것입니다. 그래서 그 선교사님이 물건보다는 교회를 세워야겠다고 생각해서 돈을 보내 주기도 하고 직접 가져가기도 했습니다. 그런데 그곳에 있는 몇몇 책임자라는 분이 그 선교사님과 목사님에게 "이곳에 오시려면 여비가 많이 들지 않습니까? 오시지 말고 그냥 현찰로 보내 주세요."라고 말했다고 합니다.

그래서 중국 선교가 어렵게 되었습니다. 처음부터 심어줄 때 영혼의 추수를 심어 주어야 합니다. 그런데 그들에게 육체에 필요한 것만을 주니 결국은 망하는 것입니다. 삶의 현실에 필요한 것을 원할 뿐 정작 원래의 목적은 사라져 버렸습니다. 이제 우리는 북한 선교도 해야 하는데 북한 선교도 이런 식으로 될까 봐 두렵습니다. 북한 선교는 망할 선교를 하지 말아야 합니다.

하늘에 속한 사람

전쟁터에 나가는데 가장 필요한 조건이 무엇입니까? 먼저 나라를 위하는 마음이 있어야 합니다. 전쟁에 나가는 병사가 부모와 처자식 생각하고 걱정하면 싸움에 전력투구할 수 없습니다. 싸움에서 결코 승리할 수 없습니다.

우리의 영적 전쟁도 마찬가지입니다. 그래서 우리 예수님께서도 쟁기를 잡고 뒤돌아보는 자는 하나님 나라에 합당하지 않다고 하셨습니다.

전쟁터에 싸움하러 나가면서 집에 가서 인사하고 온다고 돌아가는 자는 어떻게 되겠습니까? 그는 다시 올까요? 안 옵니다. 죽으러 올 리가 없습니다.

영적 전쟁터에서 우리에게 가장 필요한 것은 죽음을 각오하는 자세입니다. 죽음을 두려워하면 전쟁터에 나갈 수도 없고 나가서도 이길 수 없습니다. 사령관이나 후방에 있는 사람들은 직접 총알을 안 맞으니까 살아 있을 수 있겠지만 최전선에 나가 있는 사람들은 모두 죽음을 각오해야 합니다.

예수님께서 하신 말씀으로 다시 돌아갑니다. 때가 이르렀고 아버지께서 나를 영화롭게 하신다는 말씀은 무슨 뜻입니까? 아버지께서 내게 죽음의 기회를 주셨다는 것입니다. 죽을 수 있는 여건을 만들어 주셨고, 죽음을 통하여 아버지의 뜻을 이룰 수 있도록 끝까지 인도하셨다는 것입니다. 영화롭게 한다는 말은 십자가에 오름의 기회요, 십자가에 오르심으로써 아버지께서 영광을 받으심을 의미합니다. 아버지의 뜻이 이루어집니다.

우리는 하나님을 영화롭게 할 기회를 달라고 기도해야 합니다.

"아버지께 영광을 드릴 기회를 내게서 제거하지 마옵시고 그 기회가 내게서 계속 무르익게 하옵소서. 그리고 아버지의 때가 되었을 때 내가 십자가에 오르게 하옵소서."라고 기도해야 합니다.

믿음의 길은 살기 위해 가는 길이 아니라 죽으러 가는 길입니다. 십자가의 길입니다. 하나님과의 깊은 관계에 들어가면 갈수록 나는 쇠하고 그분은 흥하신다는 세례 요한의 이야기를 이해하게 됩니다.

고무풍선에 바람이 들어가듯이 하나님의 생기가 우리 속에 쑥쑥 들어오게 되면 하나님과의 만남이 이루어집니다.

고무풍선에 바람이 안 들어갔을 때는 땅에 붙어 있습니다. 납작해서 땅에 붙어 있습니다. 그러나 고무풍선에 하나님의 생기가 들어갈 경우에는 하늘로 날아갑니다. 고무풍선 평신도들에게 하나님의 생기가 들어가기만 한다면 하늘로 날아오르는 것입니다. 우리는 하나님의 바람대로 왔다 갔다 춤을 추어야 합니다. 바람 따라 흔들흔들 춤출 때 세상 사람들이 보고 멋있다고 말합니다. 그것이야말로 고무풍선이 자기 역할을 다 하는 것입니다.

자기의 역할을 최선을 다하여 할 때에 하나님께서는 그 고무풍선을 향하여 하늘에서 줄 수 있는 모든 축복을 주십니다. 그것은 여러 가지 모양으로 나타납니다. 어떤 이벤트가 있을 때는 고무풍선에 그림도 그리고 글자도 넣습니다. 고무풍선 하나하나는 성직자들이 영광으로 죽음의 자리에 들어갈 때 그 죽음을 장식하는 좋은 데코레이션이 됩니다.

그러므로 영광을 받는다는 것은 주께서 내게 주신 가장 좋은 선물입니다. 우리는 하루하루 살아가고 있습니다. 그러나 그 실제를 보면 하루하루가 죽어가는 것입니다. 문제는 어떻게 가장 값지게 죽어가는가 하는 것입니다.

그동안 제 손을 거쳐 간 돈이 엄청나게 많습니다. 수천 명의 종업원들을 거느리고 기업체를 이끌기도 하였습니다. 그런데 그 돈들이 다 어디가 있습니까? 흔적도 없이 다 사라져 버렸습니다.

그런데 남아 있는 것이 딱 하나 있습니다. 하나님께 헌금한 것입니다. 천국 창고에 쌓아 놓은 것만 녹이 안 쓸고 사라지지도 않습니다. 하나님께 드린 것만 영원히 살아 있습니다.

예수님께서 말씀하십니다. "너희들은 땅에서 났고 난 하늘에서 왔다." 다음에 예수님께서는 우리에게 이렇게 위안을 주십니다. "내가 세상으로부터 영접을 받지 못하고 박대를 받는 것은 내가 세상에 속하지 않았기 때문이다."

그렇습니다. 예수님께서 세상에 속했다면 그들이 예수님을 영접하고 기뻐하고 좋아하여 왕으로 삼았을 것입니다.

그러나 예수님께서는 세상에 속하지 않았기 때문에 사람들이 그를 멸시하고 증오하여 십자가에 못박아 죽이기까지 한 것입니다.

예수님께서는 마지막으로 기도하시면서 사랑하는 제자들을 향하여 기도하셨습니다.

"아버지! 내가 아버지에게 속하고 하늘에 속한 것처럼 사랑하는 제자들도 내게 속하게 하옵소서. 저들이 내게 속했으면 사람들이 나에게 한 것과 같이 저들에게도 할 것입니다. 그들이 세상에 속하지 않았기 때문입니다."

우리는 세상에 속한 자들이 아닙니다. 하늘에 속한 자들이며, 예수님에게 속한 자들입니다.

오늘 말씀을 풀어 가면서 우리는 이렇게 기도합니다.

"세상에 속하지 않은 우리들이 되게 하옵소서." 이것이 우리의 기도에 깔려 있습니다. "세상에 속하지 않은 저들을 보존해 주십시오."라고 주님은 기도하셨습니다. 주님의 그 기도에 따라 "나로 하여금 세상에 속하지 않은 자 되게 하옵소서, 내가 세상에 발을 붙이고 사는 것은 주께서 보냈기 때문입니다. 세상에 속해 있으면서, 세상 일도 하면서 나는 하나님의 일을 합니다. 나로 하여금 세상에 속하지 않게 하옵소서."라고 기도합니다.

우리가 어떤 일을 하더라도 그 일의 목적이 세상에 속한 것인지 아니면 하늘에 속한 것인지에 따라 달라집니다. 그래서 이런 말씀이 있습니다. "내가 살아도 주를 위해 살고 죽어도 주를 위하여 죽는다."고 바울이 말했습니다. 내가 먹어도 주를 위해 먹고 마셔도 주를 위해 마신다는 것입니다. 우리는 무엇을 하든 그분을 위해서 하게 해달라고 기도해야 합니다. 무엇을 먹고 마실 때도 단순히 풍성한 먹거리를 주셔서 감사하는 것이 아니라 이 음식으로 인하여 하나님의 역사를 이루게 해달라고 기도해야 합니다.

우리가 음식을 먹으면서 기도할 때는 생각해야 할 부분이 있습니다. 이 음식이 육체의 영양소뿐 아니라 영혼의 영양소가 되게 해달라고 기도해야 합니다.

하나가 되는 것의 진정한 의미

요한복음 17장 3절에서 "영생은 곧 유일하신 참 하나님과 그의 보내신 자 예수 그리스도를 아는 것이니이다."라고 말씀하십니다. 영생이라는 것은 유일하신 참 하나님을 아는 것입니다. 내가 만든 하나님이 아니라 스스로 계신 하나님을 아는 것입니다.

유일하신 하나님과 그의 보내심을 받은 예수 그리스도 그분을 아는 것이라고 했습니다. 여기에서 안다는 것은 이름을 안다거나 머리로 기억한다거나 또는 눈에 보이는 어떤 형태를 말하는 것이 아닙니다.

안다는 것은 그분의 영혼 안에 들어가는 것입니다. 마치 부부가 한 몸이며 한 마음인 것처럼 서로를 깊이 아는 것입니다.

예수님께서는 앎에 대하여 이렇게 표현하셨습니다. "아버지께서 내 안에, 내가 아버지 안에 있는 것같이…"(21절). 이러한 모습은 우리의 지혜와 지식과 감각으로 되는 것이 아닙니다.

손으로 만져 보았다고 아는 것이 아닙니다. 교회에 와서 옆사람과 인사하고 악수하고 흔든다고 그 사람을 아는 것은 아닙니다. 부부가 서로를 아는 것을 참 앎이라고 합니다. 서로를 완전하게 알게 되면 어떤 일이 일어납니까? 또 하나의 생명이 태어납니다.

하나님과 우리 사이가 진짜 아는 사이가 된다면 새로운 창조의 역사가 일어난다는 것입니다. 순간순간마다 새로운 역사가 창조되고 새로운 생명이 태어납니다. 그것이 바로 하나님과 우리 사이의 비밀입니다. 우리가 하나님을 알수록 새로운 일들이 일어나고 놀라운 역사와 기적들이 일어납니다.

크리스천들이 가장 먼저 갖추어야 할 신앙의 자세는 예수 그리스도와 하나되는 것입니다. 예수님과 하나 되기 전에는 우리가 예수님과 아무 상관이 없다는 사실을 알아야 합니다.

말의 뒷발에 힘을 의지하지 않는다는 말이 있습니다. 말의 다리가 가지고 있는 힘을 기뻐하지 않는다는 것입니다. 말은 뒷발의 힘을 의지해서 앞으로 뛰어갑니다. 하나님께서 원하시는 것은 그것보다 앞서서 하나가 되는 것입니다. 그러고 난 후에 하나가 되어 동역하시고자 하십니다.

하나님께서는 말씀하십니다. "너는 눈에 보이는 일을 하고 나는 눈에 보이지 않는 일을 하마!" 인간은 눈에 보이는 일을 하지만 하나님은 우리의 배후에서 눈에 보이지 않는 일을 하십니다.

하나님은 눈에 보이지 않는 일을 하십니다. 그것이 우리 인간이 감각으로 느끼거나 보거나 냄새 맡거나 감지할 때 그것을 기적이라고 말합니다.

　기적은 신의 세계에서는 평범한 일입니다. 그러나 인간의 세계에서는 있을 수 없는 경이로운 일입니다. 있을 수 없는 일을 우리가 만들어내는 것입니다. 하나님께서는 하나님의 영이 함께하는 자에게 신이라고 하셨습니다. 인간을 신이라고 하셨습니다. 인간이 신이 되는 조건이 무엇입니까? 그분이 내 안에 내가 그분 안에 있어 살아계신 하나님을 알고, 하나님의 독생자 예수 그리스도를 아는 것입니다. 안다는 것은 하나가 되는 것입니다.

　11절을 함께 보십시다. 예수님의 고별 기도는 창조적인 기도입니다. "나는 세상에 더 있지 아니하오나 저희는 세상에 있사옵고 나는 아버지께로 가옵나니 거룩하신 아버지여 내게 주신 아버지의 이름으로 저희를 보전하사 우리와 같이 저희도 하나가 되게 하옵소서."

　예수님은 정말 멋진 분이십니다. "하나님의 영이 저들에게 와서 함께 하게 하옵소서." 참으로 멋진 창조적인 기도입니다.

　하나가 된다는 것을 부부 사이로 말한다면 금실이 좋다는 것입니다. 그러나 "저분의 아픔이 내 아픔이 되게 하시고 저분이 죽는 자리에 내가 가게 하옵소서." 하는 것은 부부 사이를 넘어서서 사랑하는 부모와 자식간의 사랑을 말하는 것입니다. 무조건적인 사랑의 자리로 들어가는 것입니다. 주님의 아픔을 내가 느끼고 주님을 위해서 내 목숨까지도 버릴 수 있는 그런 사랑을 뜻하는 것입니다. 그것이 바로 예수님과 우리가 하나된다는 것의 의미입니다.

우리는 처음부터 영의 꼴을 먹어야 합니다. 육체의 꼴이나 혼의 꼴을 먹으면 우리의 신앙 수준이 어린아이에 머무르게 됩니다. 언제나 유치원이나 초등학교의 수준에 머물러 있어서는 안 될 것입니다. 우리의 영의 꼴을 먹어야 우리의 영적 수준이 올라갑니다. 장성한 분량에 이르기까지 자랄 수 있습니다. 하나님과 하나가 되고 예수 그리스도와 하나가 되는 단계까지 올라갑니다.

우리 육과 혼과 영의 세계는 각각 다릅니다. 육은 육대로 꽃이 피고 열매도 맺습니다. 이성의 세계에서도 그렇습니다. 영의 세계도 마찬가지입니다. 우리는 어떤 세계가 가장 중요한지 깨달아야 합니다. 먼저 우리의 영을 살리고 그 다음에 영이 혼의 세계를 관리하게 되고, 영혼이 육체의 세계를 관리하게 해야 합니다. 그리고 나서 영혼과 몸이 환경을 관리하도록 그렇게 순서를 매김해 주어야 합니다. 그것을 뒤집을 때는 세상의 방법이 됩니다. 합리적인 것 같지만 사실을 육에서 혼으로, 혼에서 영으로 넘어 갈 때 여간 힘들지 않습니다. 이것이 바로 자아와의 영적 전쟁입니다.

아버지와 아들이 하나인 것처럼, 그들이 서로를 잘 아는 것처럼 우리도 예수 그리스도와 하나가 되어야 합니다. 예수님의 창조적 기도를 우리의 기도에 적용하시기 바랍니다. 우리가 예수님 안에서 하나가 될 때 창조적인 역사를 가져오게 됩니다.

예수님께서 하신 이 기도가 나중에 어떤 결과를 가져왔습니까? 제자들이 예수님의 이름을 인하여 십자가에 매달려 순교하고 돌에 맞아 순교하고, 화살에 맞아 순교합니다. 교수대에서 순교하기도 하고 화형에 불타 죽기도 하고, 톱으로 순교당하기도 합니다. 그들은 세상에 속한 자들이 아니기 때문에 세상이 그들을 감당하지 못하였습니다.

우리는 세상이 감당하지 못할 그 자리로 나아가야 합니다. 그곳은 영광의 자리요 하나님을 영화롭게 하는 자리입니다. 하나님의 영광이 내게 이루어지는 자리이고 그것을 통해 하나님의 영광을 그분께 올려 드리는 자리입니다.

제10장

갑절의 능력을 얻는 비밀

기도의 불순물들

갑절의 능력이 필요한 시대

창조적 기도의 과정들

생명의 씨앗 뿌림

하늘로부터 오는 권세

왕이 이르되 너희는 가서 엘리사가 어디 있나 보라 내가 사람
을 보내어 그를 잡으리라 왕에게 아뢰어 이르되 보라 그가 도
단에 있도다 하나이다 왕이 이에 말과 병거와 많은 군사를 보
내매 그들이 밤에 가서 그 성읍을 에워쌌더라 하나님의 사람
의 사환이 일찍이 일어나서 나가보니 군사와 말과 병거가 성
읍을 에워쌌는지라 그의 사환이 엘리사에게 말하되 아아, 내
주여 우리가 어찌하리이까 하니 대답하되 두려워하지 말라
우리와 함께 한 자가 그들과 함께 한 자보다 많으니라 하고 기
도하여 이르되 여호와여 원하건대 그의 눈을 열어서 보게 하
옵소서 하니 여호와께서 그 청년의 눈을 여시매 그가 보니 불
말과 불병거가 산에 가득하여 엘리사를 둘렀더라

(왕하 6:13–17)

기도의 불순물들

우리는 누구나 기도가 응답되기를 바라는 소원이 있습니다. 내 기도가 그대로 창조적 기도가 되어 능력과 역사가 함께 일어나기를 바라는 소망이 있습니다. 그러나 그 마음의 소망을 이루기 위해서 반드시 알아야 할 것이 있습니다.

엘리야와 엘리사를 보십시오. 엘리사는 자신의 스승이었던 엘리야의 능력과 권세를 전수받았습니다. 그 과정을 알게 되면 기도의 열매를 쉽게 얻으려고 하지 않을 것입니다. 얻어먹는 떡은 참 편하고 좋기는 하지만 다음에 떡을 만들지 못한다는 단점이 있습니다.

그런데 내가 만든 떡은 아무리 모양이 좋지 않고 부실하더라도 정성이 가득 담겨 있습니다. 처음에는 불완전한 떡을 만들다가 점점 연구하고 노력하여 나중에는 훌륭한 떡을 만들게 됩니다. 시행착오를 거칠 때마다 다시 시작하는 과정을 겪기 때문에 떡 만드는 실력이 점점 발전합니다.

'안남미' 라는 쌀을 아십니까? 아마 6 · 25나 월남전을 겪으신 분은 먹어 보셨을 것입니다. 바람만 불면 날아가 공중에서 춤을 추는 쌀입니다. 먹고 나서 돌아서면 배가 고픕니다. 그 쌀로 떡을 해 놓으면 맛이 형편없습니다. 그래도 안남미로 만든 떡은 먹을 수가 있습니다. 가장 못 먹을 떡이 무엇인지 아십니까?

돌이 들어 간 떡이 가장 못 먹을 떡입니다. 안남미로 했건 보리로 했건 다 좋은데, 돌이나 모래가 들어가면 그것은 도무지 먹을 수가 없습니다.

우리의 기도에는 모래가 없습니까? . 지금까지 내가 어떤 기도를 해 왔는지 가만히 생각해 보십시오. 내 기도에 모래가 들어갔는지 조그만 돌들이 들어갔는지, 아니면 조그만 쇳조각이 들어갔는지를 살펴보시기 바랍니다.

나무토막이 들어갔으면 그것만 빼내고 먹으면 됩니다. 큰 돌이 들어갔으면 그것만 빼내고 먹으면 됩니다. 그러나 아주 작은 모래알들이 들어가 있으면 그것이 어느 구석에 어떻게 박혀 있는지 알 수 없습니다. 내 기도에 모래알이 들어간 경우에는 모래떡을 먹지 못하는 것과 같은 일이 생깁니다.

창조적 역사를 일으키는 기도가 되려면 우리의 기도에서 모래를 빼버려야 합니다. 기도 시간에 모래를 집어넣고 기도하는 사람에게 가서 모래 좀 빼 버리라고 하면 몸을 흔들고 인상을 씁니다. "내가 이렇게 기도를 오래도록 해 왔는데, 내가 이 기도 가지고 하늘의 소리도 듣고 예언도 하고 병도 고치고 다 했는데 무슨 소리를 하느냐."고 합니다. 지금까지 사랑하는 친구들의 기도를 모래 기도라고 지적한 적이 한 번도 없으셨을 것입니다. 상처 받을까봐, 기껏 바쁜 시간 쪼개서 기도하러 왔는데, 왜 모래 기도 하냐고 하면 얼마나 기분이 나쁘겠습니까? 그래서 일부러 말하지 않고 스스로 알아서 빼 주기를 원했을 것입니다.

우리는 어떠한 방법으로든 기도에서 모래를 제거해야 합니다. 창조적 기도라는 것은 우리의 기도가 역사를 일으키는 것입니다. 기도가 역사를 일으키려면 기도 속에 있는 모래를 제거해야 합니다. 쇳조각을 제거해야 하는데, 그 제거하는 과정을 엘리야와 엘리사를 통하여 알 수 있습니다.

감절의 능력이 필요한 시대

열왕기하의 말씀으로 들어가 봅니다. 엘리야와 엘리사 사이에 어떤 기도가 흘러갑니까?

엘리사는 "엘리야 선생님! 당신의 능력을 곱빼기로 내게 주십시오."라며 엘리야를 따라다닙니다. 열왕기하 2장에 보면 여호와께서 회오리바람으로 엘리야를 하늘로 올리고자 하실 때 엘리야가 엘리사로 더불어 길갈에서 나갑니다. 엘리야가 엘리사를 계속 떨어뜨리려고 합니다.

"너는 여기 머물라."

하나님을 만나러 가야 하니까 그만 따라오라는 것입니다. 그러자 엘리사는 "선생님! 내 목숨을 걸고 맹세합니다. 나는 죽어도 당신을 안 떠날 것입니다. 내 삶을 두고 맹세합니다. 죽어도 당신을 안 떠날 것입니다." 라고 매달립니다.

엘리사는 엘리야에게 갑절의 영감을 받기 전에는 떠나지 않겠다고 떼를 썼습니다. 길갈에서부터 계속 따라오자 엘리야가 벧엘로 가버립니다. 엘리사가 또 벧엘까지 따라갑니다. 벧엘까지 따라와서는 갑절의 영감을 받기 전에는 죽어도 못 떠난다고 합니다. 그래서 엘리야가 어디로 갑니까? 여리고로 갑니다.

길갈과 벧엘과 여리고는 모두 기도를 가르치는 처소입니다. 여리고까지 따라 온 엘리사는 "당신의 영감을 배로 줄 때까지는 못 떠난다."고 엘리야를 붙잡고 늘어집니다. "나를 죽이기 전에는 당신이 떠나지 못한다."고 합니다.

우리는 엘리사에게서 기도의 과정을 배워야 합니다. 이 과정을 거치지 않고서는 엘리사가 그 다음에 어떤 일을 했는지 알지도 못하고 그 자리에 들어가지도 못합니다. 다행히 엘리사는 그의 스승 엘리야를 잘 만났기 때문에 그의 사역이 잘 펼쳐졌습니다. 스승을 잘 만나는 것이 참 중요합니다. 스승을 잘 만나느냐 못 만나느냐에 따라 결판이 납니다.

영은 목자를 잘 만나야 합니다. 목자가 양을 살리기도 하고 죽이기도 합니다. 양이 좋은 목자를 만나면 잘 먹고 잘 쉬고 안전한 자리로 인도됩니다. 그러나 목자를 잘못 만나면 가시밭으로 절벽으로 인도되고 제대로 얻어먹지 못하여 곤고하게 됩니다. 창조적 기도를 일으킬 수 있는 그런 능력을 지닌 목자라야 양무리들을 영적으로 풍성한 자리로 인도할 수 있습니다.

인생에 있어서 어떤 스승을 만나는가, 어떤 멘토를 만나는가는 매우 중요한 일입니다. 하나님께서 엘리야에게 가서 엘리사를 선택하라고 하셨습니다. 그 하나님에 그 스승에 그 제자입니다. 삼각관계입니다. 기도의 자리는 하나님과 스승과 제자의 삼각관계가 되어야 합니다. 그렇게 하시는 하나님과 그렇게 가르치는 스승과 그렇게 배우는 제자가 있어야 하는 것입니다. 이 삼각관계가 되지 않고서는 꼭 젓가락을 한 줄로 세워 놓은 그런 관계가 됩니다. 언젠가는 자빠집니다. 바람 한 번 불면 자빠지고, 삽질 한 번 하면 자빠집니다. 그러나 옆에서 받쳐 주는 막대기 하나가 있을 때는 바람이 불어도 그의 기도가 넘어가지 않습니다.

기도의 세계, 하나님과 만나는 세계가 어떤 것인지를 우리는 깊이 생각해야 합니다. 따라오려고 하는 제자를 뿌리치는 스승과 뿌리치는 스승을 목숨 걸고 따라가는 제자를 보고 하나님께서는 무슨 말씀을 하실까요?

만약에 안 따라오려는 제자를 억지로 끌고 가는 스승이 있다면 그의 모습은 얼마나 비참하겠습니까? 배우는 자의 자세를 보고 그 스승에 그 제자라고 말을 합니다. 그런 곳에서는 하나님의 창조적 역사가 일어나지 않습니다.

엘리사는 스승이 가진 것만큼만 가져도 충분한데 자기가 무엇이라고 갑절로 달라고 합니까? 훨씬 스승을 능가하겠다는 것입니다. 그런데 엘리사의 요구에는 시대적인 비밀이 숨어 있습니다. 엘리야의 시대보다 엘리사의 시대가 더 갑절의 능력을 요구하는 어려운 시대입니다. 하나님께서 필요에 따라서 그렇게 엮어 가십니다.

엘리야의 시대는 엘리야의 정도의 능력이 있으면 하나님과 더불어 일을 할 수 있었는데, 엘리사의 시대에는 그보다 더 어렵고 위험한 일들을 해야 되기 때문에 엘리야의 능력만 가지고는 부족했습니다. 그래서 엘리사에게 능력을 갑절로 구하라는 하나님의 계시가 내린 것입니다.

창조적 기도의 과정들

창조적 기도는 그냥 생기는 것이 아니고 기도한 만큼 창조의 기적이 일어납니다. 분량의 터널을 지나가야 됩니다. 터널을 지나지 않고 창조적 역사가 일어나기를 원한다면 땀 흘리지 않고 남이 지어 놓은 수확물을 몰래 훔쳐 가는 도둑과 같습니다.

외국에서 온 능력이나 은사 가진 사람들이 임파테이션(능력의 전이)을 해주는데, 그것을 노력하지 않고 한 순간에 취하려는 탐욕자들이 많이 있습니다. 물론 우리는 그곳에 가서 그냥 취해 올 수도 있습니다. 그러나 언젠가는 그 불로소득 때문에 죽는 일이 있을 것이라는 사실을 분명히 알아야 합니다.

8월이 되면 두 종류의 감나무에 감이 열립니다. 하나는 단감나무이고 다른 하나는 땡감나무입니다. 감이 성숙해 가는 과정에서는 속을 다듬기 전에 껍테기를 다듬습니다. 크기를 먼저 키웁니다.

단감이나 땡감이나 커가는 것은 똑같아서 8월 말쯤 되면 감의 크기가 대략 비슷해집니다.

그런데 주인이 단감 밭에만 가서 만져보고 땡감 밭에는 얼씬도 안 하니까 땡감이 "저 자식만 감인가 나도 감인데…."하면서 불만을 터뜨립니다. 어느 날 주인이 단감을 따서 상자에 넣어서 바깥으로 내갑니다. 계속해서 단감을 따서 가져가니까 하루는 땡감이 주인에게 불평합니다. "주인장! 저 놈만 감인가 나도 감인데 나도 좀 따가요." 그러자 주인은 "야, 너는 아직 멀었어. 10월이나 되어야 내다팔 수 있어."라고 말합니다. 단감 내다 파는데 땡감 몇 개를 같이 얹혀서 시장에 가져가면 땡감 철이 아닌데 왜 벌써 가져 왔냐고 미친 사람 취급받습니다.

어줍지 않은 기도 이야기를 하는 것입니다. 익지도 않은 상태의 땡감 임파테이션을 받은 자의 결과는 뻔합니다. 남의 것을 그냥 받으려고 하지 마십시오. 그래도 땡감이 "나도 시장에 가야 되겠다."고 우길 때는 한 가지 방법이 있습니다.

땡감의 떫은맛을 제거하는 것입니다. 그 방법은 가마솥에 물을 펄펄 끓여서 거기다가 왕소금을 됫박으로 집어넣습니다. 그리고 막대기를 가져다가 가마솥을 휘휘 저어 소금이 다 녹게 한 다음에 땡감을 가져와 쏟아버립니다. 그 다음에 뚜껑을 싹 덮습니다. 끓는 소금물 속에 넣고 뚜껑을 닫았으니 숨도 못 쉽니다.

그 죽음의 뜨거운 소금 골짜기에서, 숨도 못 쉬는 가마솥 골짜기에서 이틀 밤을 지내면 감 속에 들어있는 탄닌이라는 떫은맛이 다

우러나서 빠집니다. 그렇게 될 때까지 땡감을 가마솥 안에서 죽는 것입니다. 그렇게 하고 나서 시장에 나가 본들 제대로 값이 나갈까요? 그것도 제대로 사는 집은 안 사갑니다. 밥도 제대로 못 먹는 집에서 그것으로 배나 채울까 하고 사갑니다. 아주 개떡 같은 천대를 받는 것입니다.

우리가 모래알이 들어간 어설픈 기도로 은사나 능력을 구하는 것은 익기도 전에 시장에 내놓은 땡감과 같은 것입니다. 익지도 않은 기도를 가지고 뭔가를 해보겠다고 할 때 결과는 비참합니다.

두 달을 못 기다려서 펄펄 끓는 물속에 텀벙 뛰어들어갑니다. 우리의 기도가 소금물 속으로 뛰어들어가는 기도가 되어서는 안됩니다. 기도의 세계는 하늘 문이 열릴 때까지 하늘을 바라보는 것입니다. 세상의 모든 것을 닫아 버리고 하늘을 쳐다보는 것입니다.

기도의 자리에서는 세상을 향해 열려 있는 나의 눈이 닫혀야 하고, 세상의 온갖 소리를 듣는 귀가 닫혀야 되고, 세상의 온갖 냄새를 맡는 내 코가 닫혀야 되고, 세상을 향해서 말하고자 하는 내 입술이 닫혀야 합니다.

세상을 향하여 닫아 버리고 하늘을 향하여는 활짝 열어야 합니다. 하늘을 향하여 열어 놓으면 그때부터 하나님께서는 하늘의 이슬과 하늘의 공기를 내려 주십니다. 그리고 나중에는 감이 한창 익어 갈 때는 이슬보다 더 센 것을 내려 주십니다. 감을 익게 하는 것은 마지막으로 서리입니다. 서리가 땡감의 마지막 남은 독기를 다 빼버립니다. 감이 발갛게 되었다고 먹을 수 있는 것이 아닙니다.

서리가 내릴 때까지 기다려야 달고 맛있는 감이 됩니다.

하나님께서는 엘리야와 엘리사 사이를 등장시켜 놓고 기도의 과정을 보게 하십니다. 길갈에서 벧엘로, 벧엘에서 여리고로, 여리고에서 요단강으로 갑니다. 이렇게 해서 기도의 순서는 끝이 납니다. 엘리사가 엘리야의 겉옷을 쥐게 됩니다. 겉옷으로 그의 스승 엘리야가 요단강을 치면서 강물이 갈라지는 것을 보았기에 엘리사도 요단강을 쳤더니 갈라졌습니다.

하늘 문이 열리고 그 문을 통하여 하나님의 역사가 우리에게 일어나는 과정은 쉽게 얻어지는 것이 아닙니다. 안수 한 번 받고 얻어지는 것이 아닙니다.

달리기를 할 때는 운동화 끈을 잘 매야 합니다. 그런데 그 끈이 낡아서 가운데는 거의 찢어지는 것들이라면 어떻게 될까요? 처음에 뛸 때는 아무 상관이 없지만 한참 뛰다 보면 끈이 끊어져서 오히려 뛰는데 방해가 됩니다. 그래서 운동화를 벗어 버리고 맨발로 달리게 됩니다.

능력이나 권세가 바로 그런 것들입니다. 온전한 끈을 맨 운동화를 신었을 때는 발도 보호하고 잘 달릴 수 있는 도구가 되지만 그 끈이 낡았을 때는 오히려 내게 방해가 됩니다. 그것을 믿고 달렸다가는 나중에 맨발로 달려야 합니다. 운동화 신고 마라톤 뛰는 것과 맨발로 뛰는 것과는 속도의 차이도 있고, 피로감의 차이도 있고, 충격의 차이도 있습니다. 결국은 승리의 월계관은 얻지 못하게 됩니다.

창조적 기도를 위하여 하나님께서는 우리로 하여금 제거해야 할 모든 것을 미리 제거하게 하십니다. 왜 길갈에서 여리고까지 가게 하신 것일까요? 그것은 꼭 필요한 훈련의 과정입니다. 장소가 바뀌는 곳마다 하나님의 특별하신 뜻이 있었습니다.

하나님께서는 우리에게 창조적 기도가 필요하다는 것을 잘 알고 계십니다. 그분은 우리를 만드신 분이시기 때문에 우리에게 창조적 역사가 일어나기를 원합니다. 그러나 우리는 그것을 원하면서도 창조적 기도에 앞서서 해야 할 일들을 하지 않으려 합니다. 그러니까 몇 번 일어나다 그 다음은 사라져 버리고 그것들로 인해서 오히려 우리는 죽게 됩니다.

우리는 창조적 기도가 일어날 수 있는 준비 과정을 거쳐야 합니다. 남의 간증이나, 남의 체험이나, 남의 글이나 읽어서 되는 것이 아니라 내가 직접 그 과정을 거쳐야 합니다. 남의 것은 내게 안내판 정도는 될 수 있을지 몰라도 그 이상은 될 수 없습니다. 실제적으로 내 안에 창조의 능력이 일어나는 기도를 가능하게 하려면 하나님 앞에서 내 자신이 훈련을 받아야 합니다.

남의 간증집 백 권을 읽으면 능력을 받는다고 하면 안 읽을 사람이 없습니다. 남의 간증 천 번 듣고 권능을 받게 된다면 어디든지 다니면서 간증을 들을 것입니다. 간증은 단순한 안내판일 뿐입니다. 그것이 나와는 아무 상관이 없다는 사실을 기억해야 합니다.

생명의 씨앗 뿌림

길갈에서 요단강으로 가는 과정을 거쳐 온 엘리사는 엘리야의 겉옷으로 요단강을 가르는 기적을 행하게 됩니다. 이것은 엘리사의 사역의 첫 출발에 불과합니다. 하나님의 일을 하는 우리들은 창조적 기도와 능력을 사용해야 하고, 그것이 우리 안에서 자라가야 합니다.

갑자기 큰 나무가 열매를 맺듯이 하나님의 보좌로부터 나온 그 수정같이 맑은 강가에서 사시사철 완숙한 열매를 맺는 나무를 생각하는데, 창조적 기도는 그렇지 않습니다. 조그만 알맹이부터 시작합니다. 그리고 조금씩 커갑니다.

하나님께서 갑자기 크고 잘 익은 열매를 주시며 "이것이 네가 기도한 열매다"라고 하실 것을 기대해서는 안 됩니다. 하나님과 우리의 만남은 그분으로부터 계시를 받고 그 계시에 따라서 훈련과 성숙의 과정을 한 걸음 한 걸음 밟아 나가는 것입니다. 하나님의 섭리는 처음에 지극히 보잘것없는 것들로부터 시작해서 가면 갈수록 더 커집니다.

그러나 사탄은 처음부터 완전하고 성숙한 조건을 우리에게 제시하며 유혹합니다. 사탄이 우리를 유혹하는 조건들이 있습니다. 에덴동산에서 사탄이 인간을 유혹한 수단은 아주 잘 익은 과일이었습니다. 그것을 보니까 보암직하고 먹음직했습니다. 사탄의 계략에 말려 들어가기 쉽습니다.

하나님께서 우리에게 무엇을 줍니까? 생명나무를 주셨습니다. 그 생명나무의 열매는 어떤 것이었을까요? 아마도 말할 줄 모르는 어린아기와 같이 여린 것이리라 생각됩니다.

사탄이 유혹의 선악과를 줄 때는 완전히 익은 것이었고 최상품이었습니다. 그런데 하나님이 우리에게 주신 생명과는 '풋' 자도 붙일 수 없는 이제 갓 태어나 말도 못하는 성격을 지닌 것이었습니다. 선악과와 생명과의 차이가 거기에 있습니다.

하나님께서 우리에게 원하시는 것은 가장 기초부터 새롭게 출발하는 것입니다. 다 된 것을 가져다 먹으라는 말은 사탄의 유혹입니다. 그것을 따 먹으라는 계시가 오면 유혹인 줄 아시기 바랍니다.

하나님은 우리에게 생명과를 줄 때 어린 아기로 주셨습니다. 그리고 어린 아기가 성숙하는 과정까지 그분은 인간이 자라는 속도만큼 기다려 주셨습니다. 신이 인간이 자라는 속도에 맞춘다는 것이 얼마나 힘든 일일까요?

사람에게 개미와 함께 걸어가 보라고 해보십시오. 아마 사람은 답답해서 견딜 수가 없을 것입니다. 그러나 우리 하나님은 개미와 같은 우리를 인내하며 기다리십니다. 우리가 창조적 기도를 할 수 있는 성숙한 신앙의 경지에 올라갈 때까지 하나님께서는 참고 기다리십니다. 기도가 이루어지는 과정은 인내하는 과정이지 갑자기 뻥튀기해서 곤두박질쳐 올라가는 그런 과정이 아닙니다. 생명과를 우리에게 주신 그분의 의도를 알면 우리는 지름길로 가라는 사탄의 유혹을 물리치게 됩니다.

기도원에서 몇십 년씩 기도하신 분들이 가끔 이런 이야기를 합니다. 자기 기도의 호화로움을 이야기합니다. 기도원을 찾아온 사람에게 선악과를 먹이겠다는 것입니다. 그것은 사람을 죽이는 일입니다.

기도원에 찾아 온 사람은 영적 어린아이로 취급하고 누워서 젖 먹는 것부터 가르쳐 주어야 합니다. 젖 먹고 나면 무엇을 합니까? 침묵합니다. 어떤 침묵입니까? 아기는 잠자면서 세상을 향하여 문을 닫고 꿈나라로 갑니다. 아기가 잠을 자면 꿈나라로 갔다고 합니다. 그 아기는 하나님의 세계로 가는 것입니다. 영의 세계에 가서 하나님의 말씀을 듣습니다.

아기가 육신의 눈을 떴을 때는 육신의 음식을 먹고 육신의 눈을 닫았을 때는 영혼의 음식을 먹는다고 생각하십시오.

우리는 기도를 처음 단계로부터 시작해야 합니다. 그래야만 기도에 실수가 없게 됩니다. 하나님께서 사람을 만드는 일에 있어서

굳이 뱃속에 열 달까지 있게 할 필요가 있었을까요? 열 달의 과정을 다 생략하고 뚝딱 사람을 만드실 수도 있었을 것입니다. 그러나 성숙의 과정이 필요하기에 그렇게 하신 것입니다. 하나님의 그 오묘하신 뜻을 우리가 어떻게 다 알 수 있을까요?

성숙하는 과정을 대충 생략하고 아기가 빨리 나온다면 그 아기는 기형아로 나오게 됩니다. 우리의 기도도 마찬가지입니다. 우리의 기도가 성숙의 자리에 가기도 전에 "하나님! 기도의 열매를 빨리 주십시오."라고 고함을 친다면 그것은 기형적인 기도입니다. 우리의 기도가 대부분 그렇습니다. 잘 익은 선악과와 같은 기도입니다. 그것은 사탄의 유혹이라는 것을 기억하시기 바랍니다.

기도의 맨 처음은 생명의 씨앗입니다. 그 기도가 한 시간짜리이든 열 시간짜리이든 맨 처음은 생명의 씨앗 뿌림입니다. 생명의 씨앗 뿌림이 무엇입니까?

"하나님 기도의 시간 주셔서 감사합니다. 기도의 씨앗 주셔서 감사합니다. 내 기도의 텃밭 주셔서 감사합니다. 하나님 이제 기도의 씨앗을 심습니다. 오늘 한 시간의 기도가 움이 돋고 싹이 나게 하시고, 줄기 나게 하시고, 잎사귀 나게 하시고, 꽃이 피게 하시고, 열매 맺게 하십시오."

이렇게 기도가 시작됩니다. 어린 아기가 엄마의 품을 사모하듯 겸허한 마음으로 기도를 시작해야 합니다. 처음부터 성숙한 기도를 하는 것은 영적 무지의 결과요 사탄이 주는 교만한 마음입니다. 우리는 익은 기도를 해서는 안 됩니다.

창조의 과정은 지극히 작은 형체조차 보이지 않는 씨앗에서부터 시작됩니다. 작은 씨앗의 기도를 하는 자는 소망을 가지고 아름드리나무를 꿈꿉니다. 씨앗이 점점 자라서 싹을 틔우고 줄기가 자라고 잎이 납니다. 나중에는 아름다운 꽃이 피고 탐스러운 열매를 맺히게 될 날을 꿈꿉니다. 나무가 조금씩 자라가듯이 우리의 기도도 조금씩 성장해 나갑니다. 우리의 기도는 씨앗에서부터 시작되어야 하는 것입니다.

만약 우리의 기도가 잘 익은 선악과의 기도라면 사탄의 기도가 될 가능성이 충분히 있는 것입니다. 그래서 우리는 기도에 대해서 잘 배워야 합니다. 기도는 씨앗부터 심는 것이며 찬양도 씨앗부터 심는 것입니다. 성숙한 열매를 기도의 자리에 그냥 내놓는다면 기도할 필요가 없습니다. "이미 너는 열매를 가지고 있는데 왜 기도하러 왔느냐?"라고 하십니다.

하늘로부터 오는 권세

엘리사의 기도입니다. "나의 여호와여! 나의 하나님이여! 원컨대 저의 눈을 열어 주십시오." 참 멋진 기도입니다. 이 멋진 기도를 할 수 있는 근거가 어디에서 나왔습니까? 엘리야를 열심히 쫓아다니면서 생명을 걸고 기도한 결과입니다.

"하나님! 원컨대 아람군대 저들의 눈을 닫아 주십시오." 이런 멋진 기도가 어디에서 나온 것입니까? 수년 동안 그의 스승 엘리야의 수종을 들며 온갖 잡일을 다 해가며 얻은 기도의 열매들입니다.

이 열매가 하루아침에 나올까요? 만약 이 기도의 열매가 단 한 번에 나올 수 있다면 우리는 모두 사기꾼이 됩니다.

"하나님! 원컨대 이 아들의 눈 열어 주십시오." 이것은 하나님의 언어입니다. 하나님의 능력과 권세가 들어 있는 언어입니다. 하나님의 역사가 일어나는 기도입니다. 우리가 아무리 기도해 보십시오. "하나님! 저들의 눈을 감게 해주십시오, 저들의 눈을 열어 주십시오." 백 번 해보십시오.

　우리는 말을 얼마든지 만들 수 있으며 말을 할 수 있습니다. 그러나 그 말 하나가 인간의 심성에서 나오는 것인지 아니면 인간의 입술에서 나오는 것인지 아니면 하나님의 능력에서 나오는 것인지를 살펴야 합니다. 그분이 만들어 놓으신 비밀스러운 능력의 세계에서 나오는 하나님의 언어인지를 알아야 합니다. 이 열매가 내가 만든 열매인지 하나님께서 내게 주신 열매인지에 따라 능력과 권세가 판이하게 다르게 나타납니다. 능력과 권세가 일어나는 곳은 하늘에서 내려오는 과일입니다. 하늘에서 온 권세입니다.

　인간들은 입술로 얼마든지 말을 할 수 있지만 가장 무섭고 떨리는 것은 나의 기도가 하나님의 창고로부터, 하나님의 능력과 권세로부터 오지 않고 내 입에서 나온다는 것입니다.

　기도하는 시간은 암탉이 계란 품는 것과 같습니다. 아무리 오랜 시간 동안 기도를 해도 소용없습니다. 값이 좀 비싸더라도 100% 유정란이어야 합니다. 기도의 길이가 문제가 아니라 그 중심과 내용이 문제입니다.

　기도에 생명이 있는지 없는지 이것이 매우 중요한 문제입니다. 그 생명이란 씨눈을 말합니다. 씨눈을 가지고 길이길이 뛰고 소리치면 뭔가 생명이 움직이는데, 씨눈이 없는 것을 가지고 길이길이 뛰고 소리치고 한들 무슨 소용이 있겠습니까?

　기도할 때 내가 씨눈을 가지고 있는지 살펴보아야 합니다. 씨눈이 없으면 그 기도는 연습하는 것입니다. 연습 시간은 하루가 될 수도 있고 한 달이 될 수도 있고, 일 년 혹은 십 년이 될 수도 있습니다. 연습 기도를 계속 하다가 보면 나중에 깨닫게 됩니다. "아! 내 기도에 씨눈이 없구나!"

그런데 내 기도에 씨눈이 없다는 것을 스스로 깨우치지 못할 경우에 타인이 가르쳐 준다면 그것은 정말 기적을 만난 것입니다. 자기 스스로 기도에 씨눈이 없다고 깨닫는 것은 참 힘든 일입니다. 백사장에 가서 겨자씨 하나를 찾는 것과 같습니다.

그래서 제가 여러분에게 몇 차례 드린 이야기가 있을 것입니다. "내 기도의 꼭지, 내 믿음의 꼭지를 누가 한 번만 따 주었어도 내가 오랜 시간을 이렇게 고생하지 않았을 텐데…."

여러분은 그런 고생을 하지 않기 바랍니다. 잘못된 기도의 방향을 수정하고 올바른 기도의 길로 가시기 바랍니다.

사탄은 빛으로 가장하여 우리에게 다가옵니다. "네가 그렇게 원하니 내가 줄게."라고 말하며 이것저것 다 줍니다. 그러면 이것은 기도하다가 하나님께로부터 받은 것이라고 자랑합니다. 그러나 그것은 하나님이 주신 것이 아닙니다. 사탄이 우리에게 주는 것은 그냥 그 자리에서 먹을 수 있는 잘 익은 과일이지만 하나님께서는 우리에게 아주 작은 씨앗을 주십니다. 창조적 기도가 이루어지기 위해서 그 씨앗부터 시작하게 하십니다.

아람 군대가 이스라엘을 침공해서 대적하려고 할 때마다 엘리사가 왕을 찾아갑니다. 엘리사는 하나님의 계시를 받아 전쟁에 관한

정보를 제공합니다. 그러니까 아람 군대가 기습을 못합니다. 아람 왕이 장관들 중에 첩자가 있으니 그 첩자를 찾아내라고 합니다.

그러자 그 중의 한 신하가 이스라엘에는 엘리야의 수종을 들던 엘리사라는 선지자가 있는데, 그 선지자가 왕이 침실에서 모의하는 것까지 자기 왕에게 다 가르쳐 준다고 말합니다.

그러자 왕이 엘리사를 잡아오라고 했습니다. 엘리사가 도단에 있다는 정보에 아람 군대는 밤에 기습을 해서 도단성을 포위했습니다. 엘리사의 그 수종들던 제자가 아침 일찍 일어나 보니까 온 천지에 적군입니다. "엘리사 선생님! 우리가 죽게 되었습니다. 적병이 밤 사이에 성을 에워쌌습니다." 그때 엘리사는 그들이 아람 군대인 줄을 알고 제자에게 말합니다. "염려하지 말라, 우리를 둘러싼 하나님의 군대가 저들의 군대보다 많다." 그리고 엘리사가 기도합니다. "나의 하나님이여! 원컨대 이 제자의 눈을 열어 주옵소서." 그러자 그 제자의 눈이 열리면서 아람 군대보다 훨씬 더 많은 하늘의 천군만마가 그 주위에 포진한 것을 보았습니다. 이것은 영적 파워 게임입니다. 영적 파워 게임은 인간의 한계를 뛰어넘는 것입니다.

성을 포진한 아람 군대들이 내려와 완전히 성 안에 들어왔습니다. 그러자 엘리사가 기도합니다. "나의 하나님이여! 이들의 눈을 감겨 주십시오." 그러자 놀랍게도 그들의 눈이 감겨져 버립니다. 엘리사가 적군 앞에 가서 말을 합니다. "이 길이 너희들이 갈 길이 아니고 너희들이 가야 할 길은 다른 길이다. 이 성은 너희들이 찾

는 성이 아니다. 그 성으로 내가 인도할 테니 가겠느냐?" 그들이
가겠다고 합니다. 엘리사는 그들을 끌고 사마리아 성으로 들어갑
니다.

그러고 난 다음에 기도합니다. "나의 하나님이여! 이들의 눈을
열어 주십시오." 아람 군대 눈을 떠 보니 사마리아 성 안에 자기들
이 갇혀 있고 주위에는 이스라엘 군대가 다 포진하고 있었습니다.

여기서 우리는 창조의 기도가 얼마만큼 능력과 권세가 있는가를
알게 됩니다. 창조의 기도가 나의 것이 되게 하십시오. 그런데 여
기에서 우리는 또 하나의 유혹을 받게 됩니다. "창조적 기도의 그
열매를 엘리사처럼 나에게도 주옵소서." 그런 기도는 하지 마시기
바랍니다. 그것은 사탄이 주는 유혹입니다. 우리는 이제 그런 유혹
을 건너뛰시기 바랍니다.

하나님께서 내게 주신 창조적 기도의 능력이 씨앗으로 뿌려져서
자라게 해달라고 간구하시기 바랍니다. 씨앗을 뿌리게 하시고 창
조적 기도의 나무가 잘 자라서 꽃이 피고 열매를 맺게 해달라고 하
십시오.

우리는 기도의 시간이 될 때마다 유혹을 받기 쉽습니다. 그럴 때
마다 꼭 기억해야 할 것이 있습니다. 창조적 기도는 아주 작은 씨
앗으로부터 시작한다는 것입니다. 잘 익은 열매가 생각나거든 사
탄의 유혹을 조심하십시오. 창조적 기도는 씨앗부터 시작하는 것
임을 잊지 마시기 바랍니다.

제11장

온전히 준비하라

좋은 만남의 축복

영의 진단과 처방

흔들리지 않는 확신

영혼이 사는 축복

응답이 올 때까지

극한의 기도 자리

엘리야가 아합에게 이르되 올라가서 먹고 마시소서 큰 비 소리가 있나이다 아합이 먹고 마시러 올라가니라 엘리야가 갈멜 산 꼭대기로 올라가서 땅에 꿇어 엎드려 그의 얼굴을 무릎 사이에 넣고 그의 사환에게 이르되 올라가 바다쪽을 바라보라 그가 올라가 바라보고 말하되 아무것도 없나이다 이르되 일곱 번까지 다시 가라 일곱 번째 이르러서는 그가 말하되 바다에서 사람의 손 만한 작은 구름이 일어나나이다 이르되 올라가 아합에게 말하기를 비에 막히지 아니하도록 마차를 갖추고 내려가소서 하라 하니라 조금 후에 구름과 바람이 일어나서 하늘이 캄캄해지며 큰 비가 내리는지라 아합이 마차를 타고 이스르엘로 가니 여호와의 능력이 엘리야에게 임하매 그가 허리를 동이고 이스르엘로 들어가는 곳까지 아합 앞에서 달려갔더라(왕상 18:41-46)

좋은 만남의 축복

우리가 공부하는 것은 지식과의 만남입니다. 지식과의 만남이란 지금까지 보이지 않던 것을 보게 하고 들어 보지 못한 것을 듣게 하며, 냄새 맡지 못한 것을 맡게 해주는 것이라고 할 수 있습니다.

예를 들어 냄새를 맡게 해준다고 할 때는 그 냄새를 여러 가지로 나눌 수가 있습니다. 극단적인 냄새는 된장의 냄새와 꿀의 냄새입니다. 화학조미료를 쓰는 주방장에게서 요리를 배운 사람은 필연적으로 화학조미료를 쓰게 되어 있습니다. 그러나 화학조미료를 쓰지 않는 주방장이 있습니다. 음식은 손끝에서 나야 된다고 믿는 주방장 밑에서 배운 사람은 그대로 배웁니다. 그래서 무엇이든지 처음 만남이 중요합니다.

누구를 만나는지에 따라 우리의 인생은 확연히 달라집니다. 누군가가 와서 음식에는 화학조미료를 쓰는 것이 아니라고, 그렇게 하면 원료 속에 있던 천연의 향기가 사라지고 식품 안에 있는 영양소가 파괴된다고 자세히 가르쳐 준다면 그는 건강한 인생을 찾아갈 수 있습니다. 그런 사람을 만나지 못한다면 그는 자신이 만든 음식이 과연 좋은 것인지 아닌지를 여기저기 다니며 물어보아야 합니다. 많은 수고를 들여가며 자기 스스로가 연구해서 알아내야 합니다.

한국의 한의학자 중에는 풀포기에서부터 한국의 한의학을 이끌어 낸 사람이 있습니다. 바로 허준이라는 사람입니다. 그는 혼자 연구하며 바닥부터 직접 체험하는 길을 걸었습니다. 가르쳐 주는 사람이 없었기 때문입니다. 그가 천연두를 치료할 때는 지원하는 실험대상이 없었으므로 본인 스스로가 천연두에 걸려서 스스로의 방법으로 치료를 해야 했습니다.

누가 자원해서 천연두에 걸리는 위험한 짓을 하겠습니까? 그래서 허준은 먼저 자기 자신에게 천연두의 병균을 집어넣고 감염된 다음에 치료하는 과정을 거쳤습니다. 본인이 치료되었다는 확신이 생겼을 때 부인에게 권하고 아들에게 권했습니다. 그러나 부인이나 아들도 기꺼이 실험대상이 되려고 하지 않았습니다.

그래서 만남이라는 것이 얼마나 중요한지 모릅니다. 내가 하늘의 운을 타고 난 경우라면 좋은 만남이 내게 가까이 올 수 있습니다. 그러나 내가 그런 하늘의 운을 타고 나지 못했을 때는 그 운을 내가 스스로 개척해야 합니다. 기를 쓰고 그것을 찾아다녀야 합니다. 그래서 내 스스로가 그 병균을 먹고 마시고 피부에 비벼 가지고 그 병이 내게 오게 하고, 그 병을 내가 스스로 치료해 가면서 결과를 보며, 그 결과에 따라서 치료하는 방법을 찾아야 합니다. 그 처방 방법이 창조적 기도와 영의 성숙입니다.

창조적 기도라는 것이 무엇인지 알고자 한다면 먼저 내가 경험해 보아야 합니다. 나도 해보지 않고 남한테 하라는 것은 어불성설입니다.

우리 믿음의 세계도 마찬가지입니다. 서로를 안다는 것이 무엇을 의미합니까? 얼굴만 보아서 알 수 있습니까? 그것은 육체적으로 아는 것입니다. 그보다 더 깊이 들어가면 정신으로, 혼으로 아는 것이 있습니다. 그것은 사랑입니다.

육체의 접촉은 사랑이 없어도 가능합니다. 동물의 행위는 그 행위 자체로 끝납니다. 그러나 인간에게는 혼의 영역이 있습니다. 그래서 사랑한다는 감정을 느끼고 평생을 같이 살자고 의지적으로 결단을 내리기도 합니다.

그러면 부부가 같이 산다고 해서 영원한 동행일까요? 그렇지 않습니다. 가장 중요한 것이 결여되어 있습니다. 가장 중요한 것은 영혼의 결합입니다. 영혼이 결합되지 않는 부부는 한 집에 살고 한 이불 속에서 자도 진정한 의미에서의 결합이라고 할 수 없습니다. 그것은 영원한 결별의 유보 상태일 뿐입니다.

만약에 채식을 좋아하는 아내와 육식을 좋아하는 남편이 있다고 합시다. 그 식탁 분위기가 어떻게 되겠습니까? 식탁에 올라 온 음식을 가지고 다투겠지요. 그러나 음식이 식탁에 올라왔을 때는 이미 때는 늦은 것입니다. 음식이 식탁에 오르기 전에 전쟁을 끝내야 합니다.

식탁에 음식이 오르기 전에 부인은 남편을 어떻게 하면 채식주의자로 바꾸게 할 것인지를 열심히 연구합니다. 그런 마음이 부인의 마음에 면면히 들어가 있습니다. 그러면 그 식탁에 올라온 반찬들을 보고 남편은 어떤 생각을 할까요?

사랑하는 아내가 내 식성을 채식으로 바꾸려고 했다고 좋게 생각할까요? 그렇지 않습니다. "저 여자가 자기 고집만 부려서 내가 싫어하는 것만 주고 내가 좋아하는 것은 주지 않네."라고 할 것입니다.

영혼의 세계도 그런 것입니다. 음식을 만드는 과정에서 벌써 판결이 나 버립니다. 부인은 모든 방법을 동원해서 남편을 채식주의자로 만들고자 하고 남편은 점점 불만이 쌓여 갑니다. 그 감정이 식탁에서만 끝나지 않고 연장이 되어 생활 전체로 퍼지게 됩니다. 자식에게까지 그 감정이 내려갑니다.

영의 진단과 처방

　여기에서 원죄라는 것에 대해 잘 생각해 보아야 합니다. 우리는 원죄에 밀려서 계속 지금까지 밀려 온 열매들입니다. 이것이 원죄니까 끊고 벗어나라고 가르쳐 주는 것은 다시 태어나는 삶을 그에게 주는 것입니다. 그런데 그것을 누군가가 주지 않았을 때는 본인이 찾아 나서야 합니다. 찾아 나서는 것도 쉬운 일은 아닙니다. 지혜가 있어야 합니다.

　인간에게 왜 이러한 문제가 생기는가, 무엇이 원인인가, 해결책은 무엇인가 등등의 고민을 하며 길을 찾아 나설 때 그는 원죄라는 문제로부터 출발하지 않을 수 없습니다. 거기에서부터 새로운 길을 그가 찾아 나서기 시작합니다.

　육신을 추구하는 사람과 이성을 추구하는 사람과 영혼을 추구하는 세 그룹은 같이 만나면 화합이 잘 되지 않습니다. 그가 좋아하는 음식들이 다르고 색상도 다르고, 좋아하는 옷도 다르고, 여러 가지 취향도 다르기 때문입니다. 그래서 이것을 화합시키는 방법에 대해서 생각을 하게 됩니다. 평화롭게 하는 방법이 무엇인가 연구해 봅니다. 육체를 가지고 혼도 치료해 보고, 영도 치료해 봅니다. 그 다음에 혼, 즉 이성을 가지고 육체를 치료해 보고 영도 치료해 봅니다. 그리고 영을 가지고 이성도 치료해 보고 육체도 치료해 봅니다. 그 결과가 다 같을까요? 다 다릅니다.

그래서 모든 세계를 다 경험해 보아야 합니다. 경험해 보고 난 다음에 어떤 결론이 나올까요? "육의 왕성함을 가지고 이성과 영도 깨끗이 통제하고 리드해 갈 수 있다."는 판단을 내릴 수도 있습니다. "육은 먹고 자는 거야 그것은 아니야. 그럼 이성으로 한번 해 볼까?"라고 생각할 수도 있습니다. 이성에는 지성과 감성과 의지가 있는데, 그것을 가지고 육체도 통제해 보고 영도 통제해 봅니다. 그것 가지고 우리 육체는 통제가 됩니다.

"오늘 어떤 음식 먹으러 갈까?"라고 할 때 이성이 결론을 내립니다. "오늘은 날이 더우니까 냉면을 먹으러 가자." 또는 "오늘은 날이 추우니까 뜨겁고 매콤한 탕을 먹으러 가자."라고 합니다. 그러면 육체는 머리에서 우리 지성이 판단하는 그대로 따라갑니다.

육신을 그저 따라만 가는데 이성이 과연 영혼을 컨트롤할 수 있을까요? 할 수는 있습니다. 오염된 것으로 할 수가 있습니다. 그런데 우리 속에 있는 영혼은 오염된 그것을 알기 때문에 거부를 해버립니다. 영이 건강하게 살아 있지 못하면 이성의 노예가 됩니다.

그때 벌써 가장 원천이 되는 영이 병들어 가는 것입니다.

우리의 모든 육체 그리고 혼 마음의 활동은 뇌라는 세포에서 거의 다 통제한다고 합니다. 뇌가 병들어 가고 신경이 병들어 갈 때 어떤 일이 일어납니까? 우리 육체의 어떤 부분들이 서서히 불이 꺼지기 시작하는 것입니다. 기능이 정지되기 시작합니다.

중풍을 맞았을 때는 육체의 한 부분이 마비가 됩니다. 만약 왼발, 왼손, 왼 귀, 왼 눈 등 우리 몸의 절반이 마비되었다고 가정해 봅시다. 그때 어떻게 하겠습니까? 뇌에 이상이 있을 때는 뇌수술을 하지만 그 전 단계에서는 팔을 주무르고 다리를 주무르는 치료를 합니다.

눈이 흐려져서 보이지 않으니까 안과에도 갑니다. 그리고 한의원에 가서 뜸도 떠 보고 한약을 다 먹어보고 냉탕, 열탕도 해봅니다. 그래도 효과가 없으면 뇌수술 하는 자리로 가야 합니다. 그런데 뇌 수술하는 자리로 가지 않고 팔다리만 주무르고 있으면 어떻게 됩니까? 그런 일이 우리 육체의 세계에만 있는 것이 아니요 영의 세계에도 있습니다.

영의 세계에 대해서 심각하게 고민을 해보아야 합니다. 육체와 이성과 영혼이 있는데, 육체가 병들었을 때, 영혼이 병들었을 때, 또는 이성이 병들었을 때 어떻게 할 것인지, 어디에 손을 대야 할 것인지를 잘 분별해야 합니다. 그 진단을 잘못하게 되면 엉뚱한 처방을 내리고 엉뚱한 치료 과정을 거치게 되고 엉뚱한 약을 먹게 됩니다.

　그렇게 된다면 치료하는 것이 아니라 오히려 더 병을 악화시키는 결과를 가져오게 되는 것입니다. 이것이 믿음의 세계에서 육으로 오는 믿음인지, 이성으로 오는 믿음인지, 영혼으로부터 오는 믿음인지를 잘 분별해야 하는 이유입니다.

　기도의 세계에서 내 기도가 육의 어떤 포만, 이성의 어떤 지혜, 영혼의 간절한 소원 중에서 어디로부터 오는 것인지를 알아야 하며, 그 기도의 세계에서 나는 어떤 처방을 내려야 할 것인지를 확실히 알아야 합니다.

흔들리지 않는 확신

기도의 세계에서 가장 기본이 되는 것이 무엇입니까? 그것은 모래 위에서 기도하는 것입니다. 그 모래가 불편한 것이 아닙니다. 모래 위에서 기도하는 것이 참 필요합니다. 그런데 모래에 고착제가 빠지면 흔들거립니다. 튼튼하게 하기 위해서 콘크리트를 할 때 무엇이 들어갑니까? 시멘트와 모래와 물입니다.

모래에 고착제가 빠지면 순식간에 모래가 날아가 버립니다. 고난이라는 바람만 불면 한꺼번에 날아가 버립니다. 사하라 사막에는 바람이 불 때마다 사막의 계곡과 산이 한순간에 바뀝니다. 한순간에 높은 산이 어디에 가는지 없어져 버리고 평지가 되고, 깊은 계곡이 사라져 버립니다. 바람이 부는 대로 달라집니다.

우리가 깔고 앉을 기도라는 방석에도 모래가 필요합니다. 그 다음에는 시멘트가 필요합니다. 시멘트도 어떻습니까? 뚜껑 열어 놓고 한 달 동안 놓아두면 그대로 굳어져 버립니다. 잘 생각해 보십시오. 제 아무리 접착을 잘 시키는 시멘트일지라도 즉시 사용하지 않으면 굳어버려서 오히려 그것이 더 방해가 됩니다. 버리려고 해도 비용이 더 듭니다.

세 번째 필요한 것은 물입니다. 물이 없으면 모래와 시멘트가 융합되지 않습니다. 백년을 놓아도 습기가 들어가지 않으면 결합되지 않습니다. 기도에는 하나님의 은총이 들어가야 합니다. 물이라는 것은 하나님의 세계를 의미합니다. 우리가 기도의 반석을 구축하고자 한다면 반드시 모래와 시멘트와 물이 필요합니다. 그것이 이루어진 다음에는 우리의 기도가 엘리야의 기도가 됩니다.

갈멜산 꼭대기에서의 엘리야의 기도를 보십시오. 그는 무조건 된다고 믿었습니다. 바다 쪽에서 손바닥만 한 구름이 보일 때까지 올라가라고 사환에게 계속 말을 합니다. 그러나 사환은 가도 가도 구름이 보이지 않는다고 말합니다. 우리에게 가장 필요한 것이 무엇입니까? 그것은 바로 철저한 신뢰입니다.

하나님의 계시에 대한 철저한 신뢰요, 하나님의 말씀에 대한 철저한 신뢰입니다. 그분이 내게 말씀하시는 것은 철저한 기도의 반석이 됩니다. 그래서 엘리야의 기도는 흔들림이 없는 반석으로부터 출발했다고 말할 수 있는 것입니다.

창조적 기도가 무엇입니까? 흔들리지 않는 반석으로부터 출발하는 것이 창조적 기도이며, 그렇게 출발한 기도는 창조하는 파워를 갖게 되는 것입니다.

창조적 기도는 하나님의 말씀을 찾아갑니다(왕상 18:42-46).

기도 중에 제일 중요한 기도가 창조적 기도입니다. 창조적 기도는 기도한 그대로 이루어지니까 우리가 가장 많이 추구하는 기도입니다. 하나님께서 우리에게 가장 원하시는 기도도 창조적인 기도입니다. 예수님의 사역도 창조적 기도에서 시작되었습니다.

창조적 기도는 어디로부터 오는 것일까요? 그것은 흔들리지 않는 확신에서 오는 것입니다. 확신 이외는 창조적 기도가 없습니다. 예수께서는 하늘에 계신 아버지를 알고 아버지께서는 예수님을 너무나 잘 아십니다. 그분들의 확신은 조금도 흔들림이 없습니다.

부부 사이에 가장 비극이 무엇입니까? 그것은 서로 의심하는 것입니다. 의처증과 의부증은 평생 고치지 못할 병입니다. 고친다는 것은 거짓말입니다. 이혼하기 전에는 절대로 고쳐지지 않습니다.

창조적 기도의 핵심은 이것입니다. 절대로 의심하지 않는 것입니다. 확신에 찬 기도입니다. 확신이 기도의 바탕에 있을 때는 신뢰가 옵니다.

신뢰는 믿음입니다. 믿음은 신뢰를 바탕으로 하여 생기는 것입니다. 남편이 술집에서 나오는 것을 보아도 남편을 믿을 때는 "아! 우리 남편이 전도하러 술집에 갔구나. 수렁에 빠진 여인을 구하러 갔구나. 술집에 가려면 돈이 필요할 텐데 돈까지 지불하면서 전도하러 갔구나!"라고 말할 수 있는 것입니다.

부인이 남편을 얼마만큼 믿는가에 따라 상황은 완전히 달라집니다. 신뢰한다는 것은 관계에 있어서 참 중요한 것입니다.

엘리야의 신뢰는 어디에서 온 것입니까? 그것은 하나님을 아는 것에서 온 것입니다. 지식으로 안 것이 아니고 영혼으로 알았던 것입니다. 하나님의 일을 하려고 하는 사람들은 하나님을 잘 알아야 합니다. 하나님을 깊이 알아야 합니다. 하나님의 높이와 깊이와 넓이에 도달할 수 있을 만큼 하나님을 알아야 합니다.

우리의 지식으로 알고 있는 것은 아무것도 아닙니다. 지식보다 훨씬 더 위에 있는 예수 그리스도의 사랑으로 말미암은 지식이 참 지식입니다. 우리는 아는 만큼, 배운만큼의 지식을 가지고 있습니다. 우리가 초등학교를 나왔다면 초등학교의 지식으로 세상을 알고 이해하고 살아갑니다. 대학교를 나왔으면 대학교의 지식으로 그가 세상을 알고 판단하며 자기 인생을 개척해 가는 것입니다. 그가 어느 특정한 분야의 전문가일 때는 그 전문가의 지식으로 세상을 이해하게 됩니다.

지식의 한계를 이야기하려고 합니다. 우리가 알고 있는 지식으로 세상사를 만들어가기도 하고 평가하기도 합니다. 예를 들어, 우리는 두부로 요리를 해보아야 몇 가지 이상은 할 수 없습니다. 자기가 먹어보고 배운 것 이상은 요리를 할 수 없습니다.

일본 동경에서 있었던 일입니다. 잘 알고 지내는 국회의원이 콩으로만 요리하는 전문 식당에 초대를 했습니다. 그 식당은 두부만 가지고 밥상을 차리는데 동경에서 아주 특이한 식당이라고 소개했습니다. 그곳은 두부를 가지고 요리를 하는데, 두부 반찬이 40가지가 넘었습니다.

인간의 지혜도 자기가 아는 것만큼 생깁니다. 그 이상은 지닐 수가 없습니다. 그래서 사도 바울은 우리가 가지고 있는 지식보다 훨씬 더 올라가는 예수 그리스도의 사랑을 알아야 한다고 말했습니다. 지식의 훨씬 윗 단계는 예수 그리스도의 사랑을 아는 것입니다. 그 사랑에 포함된 내용들을 알아가야 합니다.

사랑이 포함된 내용의 전체를 한마디로 요약할 수 있습니다. '태어남과 죽음'입니다. 다시 말하면 '죽음과 부활'이요 '죽음과 삶'입니다. 사랑 그 안에는 죽음과 생명이 다 있습니다. 그것을 쪼개면 갖가지 단어들이 나오게 됩니다.

영혼이 사는 축복

믿음의 반석 위에서 출발하지 않는 기도는 허구의 기도입니다. 그런데 이 허구의 기도가 어떤 교회에서는 실체의 기도가 됩니다. 아기들이 엄마를 부를 때 엄마가 실체인지 허구인지 생각하지 않지만 엄마만 부르면 만사가 해결이 됩니다.

기도할 때도 마찬가지입니다. 믿음의 확신이 없는데도 그냥 허우적거리며 기도하다가 응답받을 때가 있습니다. 우리의 상태를 보지 않으시고 무조건 은혜로 응답해 주시는 경우입니다.

그러나 정상적으로 기도의 자리에 들어가고자 하는 자에게는 반석 위에 서 있는 기도가 필요합니다. 그것이 출발점이 되어야 합니다.

기도는 어떻게 해야 합니까? 이루어지지 않는 기도가 없다고 했습니다. 저는 처음에는 그 말을 믿지 않았습니다. 신학교를 졸업하고, 그렇게 설교를 많이 하면서도 저는 이루어지지 않는 기도가 없다는 말에 동의하지 않았습니다. 그러면서도 저는 딜레마에 빠지지 않을 수 없었습니다. 성도들에게는 기도하면 다 이루어진다고 선포하고는 내 자신이 그 말을 믿지 못했으니 말입니다. 이 문제를 꼭 해결해야겠다고 결심했습니다.

그 후에 기도는 그분이 이루어 주시는 것이지 우리가 이루는 것이 아니라는 사실을 깨닫게 되었습니다. 내가 당장 할 수 있는 것은 기도의 제목들이 될 수 없습니다. 우리는 바로 이루어질 것들을 위해서 기도하지는 않습니다.

기도의 제목은 우리 힘으로 할 수 없는 것들입니다. 그것은 하나님만이 하실 수 있는 것, 초자연적인 세계에서 할 수 있는 그런 것들입니다. 그래서 초능력의 세계에서 이루어지기를 간구해야 합니다. 초능력의 세계에서 이루어지는 일을 유한한 세계에서 이루려고 하니까 실패하는 것입니다.

성경을 한참 묵상하다가 어느 한 곳에서 숨을 몰아쉬게 되었습니다. 기도는 이루어질 때까지 끊임없이 해야 한다는 하나님의 음성입니다. 이루어질 때까지 기도하라고 했으니까 이루어지지 않는 기도가 없게 되는 것입니다. 그러고 나서 저는 의자를 박차고 벌떡 일어나 버렸습니다. 기도는 이루어질 때까지 하는 것이니 결국 이루어지지 않는 기도는 하나도 없다는 것입니다.

그러므로 우리는 주님의 약속을 믿고 기도를 쉬지 말아야 하는 것입니다. 끊임없이 기도해야 하는 것입니다. 그래서 그 다음부터는 기도에 확신을 갖게 되었습니다. 기도가 이루어지는 것은 확실합니다. 그런데 그 이루어지는 시기와 장소와 조건은 초능력의 세계에 속한 것입니다. 유한한 인간의 세계에서 다룰 수 있는 문제가 아니라는 사실을 기억해야 합니다.

병원에 있는 환자들이나 그 가족들은 꼭 병에서 완치되기를 염원합니다. 그래서 목회자가 가서 꼭 살려 달라고 하나님께 기도하면 본인이나 가족도 희망과 용기가 생깁니다. 그런데 그 자리에서 그렇게 기도해도 죽을 때 가서는 죽게 됩니다. 그렇게 기도하면 결국에 가서는 실망을 하게 됩니다. 기도할 때 분명히 하나님께서 살려 주신다고 해서 모두 기뻐했는데, 우리 목사님 최고라고 했는데 말입니다. 그러고 나서 일주일 만에 죽어 버리면 벼랑 끝으로 떨어지는 것입니다.

애초에 죽는다고 말했으면 묘지도 장만하고 흩어져 있던 자녀들도 불러 모았을 텐데, 산다고 말했으니까 다 출장 가버리고 준비도 하지 못했다고 원망합니다. 영적 무지에서 오는 결과입니다.

산다는 것은 두 가지 의미가 있습니다. 하나는 육이 사는 것이고, 또 하나는 영혼이 사는 것입니다. 그것을 구별하지 못할 때 우리는 하나님의 뜻을 오해하게 됩니다. 산다고 했을 때 육체가 사는 것으로 잘못 해석을 할 수 있습니다.

응답이 올 때까지

창조적 기도를 할 때는 분명히 하나님께서 하신 말씀의 핵심을 이해해야 합니다. 엘리야는 장기간 동안 비가 오지 않는다는 하나님의 계시를 받았습니다. 그러고 난 다음, 어느 순간에 그는 곧 비가 올 것이라는 하나님의 계시를 또 받게 됩니다. 오랜 기간 동안 가뭄이 들었던 그곳에 비가 쏟아질 것이라는 계시를 받은 것입니다. 엘리야는 그 계시를 믿었습니다.

그 믿음의 근거는 어디에서부터 나온 것일까요? 바로 직전에 어떤 일이 있었습니까? 하늘의 불이 내려 와서 물을 태워 버린 일이 있었습니다. 그러고 나서 하나님께서는 물을 주시겠다고 말씀하셨습니다.

하나님의 계시를 가만히 보십시오. 그분의 뜻을 우리 나름대로 짐작해서는 안 됩니다. 그가 내게 주시는 말씀의 분명한 핵심이 무엇인가를 이해하는 것이 급선무입니다. 하나님께서 비를 주시겠다고 하셨는데, 과연 어떤 비를 주시려 하시는지 우리는 계시에 대한 확실한 지식을 가져야 합니다. "하나님이 내게 이렇게 말씀하신다. 그런데 그것이 내게 무엇을 의미하는가?"를 반복적으로 질문해야 합니다.

엘리야는 하나님의 계시를 받고 나서 기도로 들어갑니다. 하나님께서는 비를 주시겠다고 분명히 말씀하셨습니다. 엘리야는 그 말씀을 믿었지만 비를 내려주시는 그 순간까지 엘리야는 기도했습니다. 그는 하나님과 만났던 산으로 쫓아가서 무릎 사이에 얼굴을 맞대고 엎드려 기도했습니다.

치열한 기도의 모습입니다. 하나님께서 주시겠다고 하는데, 구태여 그렇게까지 할 필요가 있는가 하고 생각할 수 있습니다. 편안하게 기도하면 되지 않을까. 엘리야의 모습은 하나님의 계시가 임할 때 우리 인간이 어떻게 해야 하는지 잘 보여주고 있습니다. 초능력의 계시가 오는 그 곳에서 우리는 인간으로서 할 수 있는 가장 극적인 부딪힘을 만들어 가야 합니다.

하나님이 내게 이루어 주신다고 했다고 춤추고 좋아할 것이 아니라는 말입니다. 우리는 마치 그것을 받은 것처럼 이야기합니다. 그러나 아닙니다. 그것이 이루어질 때까지 인간이 할 수 있는 가장 진실한 기도, 가장 성실한 기도, 뼈를 그 곳에 묻는 간절한 기도, 죽음을 불사하는 치열한 기도를 하라는 것입니다.

하늘의 기적과 이 땅에 비의 축복이 만나는 자리는 언제입니까?

죽음보다 더 강한 사랑이 하나님의 사랑 앞에 무릎 꿇을 때입니다.

그때 창조적인 기도가 이루어지는 것입니다. 죽음까지도 각오하고 모든 것을 바치는 기도의 자리에서 엘리야는 확신에 찬 말을 합니다. 저 바다 끝 쪽으로부터 손만 한 구름이 솟을 것이라고 합니다. 그래서 엘리야의 사환이 더 높은 곳에 올라가서 바다 끝을 봅니다.

구름은커녕 맑은 하늘만 있습니다. 확신에 차서 기도하는 엘리야에게 충격이 되었을 것입니다. 그러나 엘리야는 내가 믿는 하나님은 틀림없는 분이니 다시 올라가라고 합니다. 사환이 두 번째 올라갔지만 구름 한 점 보이지 않는다고 말합니다. 또다시 올라가라고 명합니다. 사환은 엘리야의 명을 받고 여섯 번까지 올라갔습니다. 사환을 보내 놓고 엘리야가 어떻게 기도했을까요?

처음 기도할 때와 두 번째 할 때와 세 번째 할 때 무릎 사이에 머리를 숙이는 각도가 같았을까요? 시간이 가면 갈수록 그의 기도는 더욱 간절하고 치열해졌을 것입니다.

하나님의 사랑과 하나님의 은총을 받은 그 자리에서 엘리야는 더 진지하고 더 순결하고 더 열정적으로 엎드렸을 것입니다. 하나님의 창조적인 역사가 일어 날 때는 결과보다도 기도의 과정이 더 중요합니다. 기도의 과정은 우리를 더 성숙하게 만들며 의심의 자리에서 더 확실한 믿음의 자리로 이끕니다.

엘리야가 여섯 번째 사환을 보냈는데도 구름이 보이지 않았을 때 어떠했겠습니까? 배도 고프고 힘도 들고 지쳐서 당장 때려치우고 싶은 마음이 있었을 것입니다. 그러나 그는 끝장을 보기 전에 절대로 일어나지 않기로 작정합니다.

창조적 기도는 목숨을 건 기도입니다. 죽으면 죽으리라는 각오로 덤비는 것입니다. 우리는 인내함으로 기다리라고 말하곤 하는데, 그 말을 잘못 이해하면 수동적인 자세로 기다리라는 것처럼 들립니다. 물론 기도는 수동적인 자세이어야 하지만 그 안에 화산이 폭발하는 능동적인 생명이 있어야 합니다.

이루어지는 것은 하늘의 주관이고, 우리는 수동적일 수밖에 없습니다. 그러나 하늘이 이루도록 하기 위하여 이 땅에서는 화산이 폭발하여 그 안에 용암이 솟아나야 합니다. 용암이 흘러가는 곳마다 나무가 태워지고, 바위가 녹아내리고, 세상의 온갖 것들이 다 녹아내려 흔적도 없이 사라지는 것입니다.

극한의 기도 자리

창조적 기도를 하는 우리에게는 눈에 보이는 세상의 모든 것들이 그 안에 다 녹아내려 흔적조차 없어져야 합니다. 우리가 이성적으로 생각한 그 모든 것들이 다 녹아 내려야 합니다. 지진이 일어나서 화산이 폭발한 거기에는 인간이 보기에 아름다운 것들, 인간이 보기에 아까운 것들이 많이 있을 것입니다. 용암이 지나가면 그 모든 것들은 흔적도 없이 사라지는 것입니다.

창조적 기도란 바로 용암이 흘러내리는 그런 기도를 말하는 것입니다. 용암이 흘러내리고 완전히 다 없어져 버릴 때, 이 땅에서 우리 속에 있는 그 모든 것들을 다 태워낼 때, 비로소 하나님의 기적이 일어납니다.

엘리야의 수제자가 "선생님! 손바닥만 한 구름이 보입니다."라고 외칩니다. 그때 엘리야는 기도의 자리에서 박차고 일어납니다.

하나님의 역사는 시작된 것입니다. 그는 의심 없이 일어납니다. 구름이 보인다는 것은 비가 올 것이라고 알려주는 것입니다. 엘리야는 곧 일어나 왕에게 가서 이제 곧 비가 쏟아질 것이니 먹고 마시는 자리에서 일어나 빨리 마차를 타고 피신하라고 선포합니다.

하나님의 계시가 우리에게 일어날 때 엘리야와 같이 선포해야합니다. "하나님께서 지금 역사하십니다. 바로 일어나십시오. 먹는 자리에서 일어나십시오. 마시는 자리에서 일어나십시오. 즐거운 잔치 자리에서 일어나십시오. 바로 마차를 타고 하나님의 기적을 대비하십시오."라고 확신에 찬 선포를 해야 합니다.

창조적 기도는 그런 것입니다. 확신에 찬 선포를 하고 난 다음에 엘리야는 하나님의 은총을 입게 됩니다. 그 기도의 자리에 하나님의 은혜가 함께하셨습니다.

엘리야의 기도에 응답해 주셨으면 그것으로 하나님께서는 할 일을 다 하신 것입니다. 비가 쏟아지게 하셨으면 그것으로 의무를 다 하신 것입니다.

그런데 말씀을 조금 보면 이런 이야기가 나옵니다.

"하나님의 영이 엘리야에게 임하여 그에게 힘을 더하더라."

창조적 기도가 일어나는 곳에서 하나님께서는 그가 계시하시고 약속하신 것은 다 이루어 주십니다. 뿐만 아니라 하나님께서는 끝까지 기도한 자에게 하늘의 능력과 권세를 덧입혀 줍니다.

창조적 기도의 결론입니다. 예수께서 겟세마네 동산에서 땀 흘리며 기도하실 때 땀 방울이 핏 방울처럼 떨어졌다고 기록되어 있습니다. 하나님께서 우리로 하여금 어떤 극한적인 기도의 자리에 들어가게 하실 때 우리가 알게 모르게 어떤 징표를 주실 있습니다. 죽음이라든가 극한적인 두려움의 순간에 들어갈 때는 어떤 물리적인 현상이 일어날 수 있다고 말을 합니다.

심리학자들이나 의학자들도 땀 속에 피가 들어갈 수 있다고 말합니다. 인간의 증언을 듣자고 하는 말이 아닙니다.

창조적 기도가 일어나는 그 자리는 사생결단이 일어나는 자리입니다. 단순히 "하나님이 해 주십시오." 이런 기도가 아니요 생명을 건 기도의 자리입니다.

창조적 기도의 자리는 하늘의 문을 여는 기도의 자리에서 우리는 어떻게 기도해야 하겠습니까? 창조적인 기도가 역사하는 자리는 하나님께서 하늘의 문을 열어 하늘의 능력과 권세를 부어주시는 자리입니다. 예수님께서 겟세마네 동산에서 기도하실 때 천사가 와서 예수님의 기도를 도왔다고 기록하고 있습니다. 엘리야에게도 여호와의 능력이 임했음을 알 수 있습니다.

창조적 기도가 일어나고 난 다음에 우리는 이제 다 이루어졌다고 안심하고 기진맥진하여 퍼져 있을 수 있습니다. 그러나 창조적 기도의 역사는 그것으로 끝난 것이 아닙니다. 우리가 고구마 줄기를 잡았다고 합시다. 어떤 결과가 일어납니까? 잡아 당기면 첫 번째 고구마, 두 번째 고구마, 세 번째 고구마 … 계속 일어납니다.

창조적 기도가 결실을 가져올 때는 계속해서 파고 들어가야 합니다. 그래서 하나의 창조적 기도가 꼬리를 물고 계속적으로 기도의 결과들이 나오도록 해야 합니다. 기도의 호흡을 쉬지 말아야 하며, 기도의 불꽃을 끄지 말아야 합니다.

우리 주님께서 하신 말씀이 기억납니다. 해가 있을 때 일해야 합니다. 창조적 기도가 우리에게 일어날 때는 하나님께서 내게 주신 한낮의 시간이라고 생각하고 고구마 줄기를 잡듯이 끌어 당기듯이 창조적 기도를 계속해야 합니다.

사람에게는 누구나 다 때가 있습니다. 기회를 주셨을 때 그것을 내 것으로 만드는 멋진 기도들이 우리의 삶 가운데 끊임없이 진행되어야 할 것입니다.

인생 역전의 기회

아버지에게 가는 발걸음

죽음에서 일어나라

또 이르시되 어떤 사람에게 두 아들이 있는데 그 둘째가 아버
지에게 말하되 아버지여 재산 중에서 내게 돌아올 분깃을 내
게 주소서 하는지라 아버지가 그 살림을 각각 나눠 주었더니
그 후 며칠이 안 되어 둘째 아들이 재물을 다 모아 가지고 먼
나라에 가 거기서 허랑방탕하여 그 재산을 낭비하더니 다 없
앤 후 그 나라에 크게 흉년이 들어 그가 비로소 궁핍한지라 가
서 그 나라 백성 중 한 사람에게 붙여 사니 그가 그를 들로 보
내어 돼지를 치게 하였는데 그가 돼지 먹는 쥐엄 열매로 배를
채우고자 하되 주는 자가 없는지라 이에 스스로 돌이켜 이르
되 내 아버지에게는 양식이 풍족한 품꾼이 얼마나 많은가 나
는 여기서 주려 죽는구나 내가 일어나 아버지께 가서 이르기
를 아버지 내가 하늘과 아버지께 죄를 지었사오니 지금부터
는 아버지의 아들이라 일컬음을 감당하지 못하겠나이다 나를
품꾼의 하나로 보소서 하리라 하고 (눅15:11-19)

인생 역전의 기회

하나님의 지혜를 구한 사람은 하늘 아버지의 마음을 알 수 있습니다. 하나님의 사랑을 알게 됩니다. 그러나 하나님의 은총을 입지 못했거나 하나님이 주시는 지혜를 얻지 못한 사람은 이런 영적인 것을 안다는 것이 거의 불가능합니다. 성경에는 창조적 기도를 한 사람과 기회가 왔는데도 결단을 못 내린 사람 또 그것을 거부한 사람의 모습과 결말이 잘 나타납니다. 그것을 보면서도 내가 창조적 기도를 할 것인가, 아니면 계속 폐쇄된 기도를 할 것인가를 헤아리지 못하는 사람들이 있습니다.

창조적 기도는 산을 바꾸는 기도이고 세상을 바꾸는 기도입니다. 내 모든 상황을 바꾸는 기도입니다. 모든 것을 바꾸는 권세와 능력을 갖고 있습니다.

성경의 역사를 보면 극적 전환의 사건들이 있습니다. 바로 룻과

롯이 그 주인공입니다. 하나님이 그들에게 극적인 자리를 주었는데 하나는 구원의 자리를 줬고 하나는 망하는 자리를 주었습니다. 그런데 구원의 자리에 있던 롯은 죽음의 자리 패망의 자리로, 그 후손들이 아주 비극의 자리로 들어가게 되었고 롯은 패망한 과부의 자리에서 극상의 자리로 올라가게 됩니다.

이것이 바로 창조적 기도와 그 관계성입니다. 어떤 환경에 어떻게 처해 있는지 그것이 문제가 아니고 내가 처한 이 환경을 어떻게 역전시키는지가 중요합니다. 롯은 소돔과 고모라가 유황불로 심판받는 그 자리서 구원을 받았지만 자식들과 함께 비참한 자리에 들어가고 말았습니다. 그것은 그가 스스로 택한 것입니다.

구약성서의 룻기에는 세 과부가 나옵니다. 시어머니 나오미와 두 며느리 오르바와 룻입니다. 남자 셋을 땅에 묻고 세과부만 남았습니다. 그런데 거기에서 막내 과부인 룻이 하나님의 마음에 맞는 기도를 합니다.

"어머니의 하나님이 내 하나님이 되고, 어머니의 백성이 내 백성이 되고, 어머니의 죽음터가 내 죽음터가 되고, 어머니의 생활이 내 생활이 될 것입니다."

이 고백을 들으시고 하나님은 "봐라, 이 아이를 내가 건져주리라."고 하십니다. 그래서 과부된 것이 그에게는 축복으로 바뀝니다. 몰락한 그 가정이 창조적 기도로 인해 대 역전이 일어납니다.

우리는 보통 이렇게 이렇게 해 달라고 기도합니다. 그런데 "주여 나타나십시오. 당신이 친히 하십시오." 바로 이것이 창조적인 기도입니다. 창조적 기도를 하는 사람은 하나님의 씨앗을 잉태한 자입니다. 그가 하나님의 씨앗을 잉태했으니 그는 하나님의 생명을 이 세상에 나타냅니다.

누가복음 15장에 나오는 탕자의 고백입니다. "이제 내가 일어나 아버지께로 돌아가리라." 거기서부터 창조적 기도는 시작이 됩니다. 그가 내가 이제 아버지께로 돌아가리라고 하면서 돼지우리에서 일어난 때 그때부터 그의 한걸음 한걸음은 하나님께서 하늘의 문을 열어주는 발걸음이 됩니다.

우리가 너무나 잘 아는 이야기를 다시 하는 것이 아니라 그 속에 있는 생명의 문을 열어주려고 합니다.

둘째아들이 아버지에게 자기 유산 좀 미리 달라고 합니다. 살아서 주시나 죽어서 주시나 나한테 줄 것은 매 한가지인데 이왕이면 살아서 좀 달라고 하니까 아버지가 줍니다. 그러자 이 못된 아들이 아버지 눈치를 보다가는 하루는 전 재산 다 팔아가지고 도회지로 도망가 버렸습니다.

가서 마음껏 놀고 하고 싶은 것 다 하다 보니 주머니에 돈이 다 떨어졌습니다. 마침 흉년이 들었는데 돈 있을 때 그 많던 친구들, 돈을 빌려 가기도 하고 도와달라고 해서 도와주기도 하고 술 사주고, 고기 사주던 자들이 아무도 주위에 남아있지 않았습니다. 누구도 이 아들을 도와주지 않습니다. 그래서 먹고 살기 위해서 시골의 돼지 키우는 농장에 취직을 했지만 너무나 배가 고파 돼지들이 먹는 쥐엄나무 열매를 먹습니다. 이 쥐엄나무 열매도 돼지와 싸우고 키우는 주인에게 욕 먹어가며 훔쳐 먹다가 가만히 생각해보는 것입니다.

'우리 집이 어떤 집인데.'

바로 여기가 기도의 현장을 말하는 것입니다.

우리가 처한 현실이 어쩌면 돼지우리와 같다고 생각하십니까? 주머니 뒤져봐도 돈도 없고, 금고를 열어봐도 동전 몇 개 덜렁덜렁하고, 쌀독에 쌀은 바닥이 났고, 기름병에 기름은 다 떨어졌고, 아무것도 없을 때 여러분이 할 수 있는 것은 무엇입니까?

"하나님! 사람은 다 똑같은데, 저 사람은 나 보다 더 못 배웠는데, 저 사람은 나보다 말도 잘 못하는데, 저 사람은 잘되는데 나는 왜 이러냐."고 하늘을 향해 삿대질하고 있지는 않습니까?

바로 그 자리가 기도의 자리입니다. 탕자가 우리 아버지 집에 가면 종들이 많은데 그 종들은 배부르게 먹고 마시는데 난 왜 이러고 있는지 자신에게 묻습니다.

하나님의 보물창고가 눈에 안 보여서 얼마나 귀한지 모르고 지내지만 이 둘째아들처럼 돼지음식을 같이 먹어본 사람은 하늘 창고를 생각하게 됩니다.

배고프고, 춥고, 떨리고, 만사가 비극이고, 만사가 실패한 것처럼 보일때 우리는 룻과 같은 결단을 해야 합니다. 이 결단을 내리게 하는 기도가 바로 창조적 기도입니다.

아버지에게 가는 발걸음

드디어 탕자가 여기서 고생을 하느니 돌아가야겠다고 결심합니다. "하늘의 그 풍요로운 창고를 두고 내가 왜 이렇게 고생을 하지?" 이런 생각을 하기 시작하면 우리의 기도는 달라집니다. 지금까지 우리의 기도는 맥이 빠지고 뭔가 껍데기 기도를 한 것 같은데 '하늘 아버지의 창고에는 뭐가 많지?' 이렇게 그것이 실상으로 우리에게 다가올 때 우리의 기도는 힘을 얻기 시작합니다. 기도가 진행될 때마다 우리의 기도에 힘이 실려집니다.

이렇게 기도에 힘을 실리게 하는 그 밑바탕은 바로 '지금 나는 아버지께로 돌아가리라. 내가 지금까지 내 마음대로, 내 생각대로 살아서 비참하게 되었으니 지금부터 아버지가 기다리는 그곳으로 방향을 바꾼다'고 결심한 탕자처럼 내 마음대로 기도하던 내가 이제는 뒤엎어서 아버지가 계신 그곳으로 기도의 방향을 바꾸는 것입니다.

절망의 자리에 들어간 두 사람이 있었습니다. 예수님을 두고 두 제자가 똑같이 절망의 자리에 들어갔습니다. 똑같이 실패한 자리에 들어갔습니다.

베드로와 가룟유다, 똑같이 예수님을 배반하고 저주했습니다. 그런데 베드로가 한 기도와 가룟유다가 한 기도가 다릅니다. 우리는 베드로가 한 기도만을 중요하게 생각하지만 실패한 가룟유다의 기도에서 우리 자신의 실체를 찾아낼 수 있습니다.

가룟유다가 어떤 기도를 합니까? 그가 회개합니다. 참회하고 그가 은 30냥을 준 사람에게 가서 내가 한때 잘못 생각해서 예수를 팔아먹었다고, 이 돈 필요 없다고 팽개치고 나옵니다. 용기 있는 행동을 한 것입니다. 그러나 그 다음에 그가 아버지께로 안 가고 자기의 세계로 들어갔습니다. 자기의 폐쇄된 세계로 들어가서 자기가 지금까지 한 일을 후회하고 가슴을 칩니다. 결국 그는 죽어버리고 말았습니다.

우리에게 어떤 한 순간이 올 때 내가 비록 거기서 잘못했을지라도 그 자리에서 완전히 전향을 하면 됩니다. 돌아서면 됩니다. 베드로는 돌아서서 아버지가 계신 곳으로 갔고, 가룟유다는 자기 세계로 깊이 들어가 버렸습니다. 그 차이는 영원한 삶과 죽음입니다.

우리의 기도가 "하나님 기도하면 준다고 했잖아요." 라고 떼쓰는, 둘째 아들이 내 몫 달라고 하는 것과 같은 기도를 깨뜨려 버리고 새로운 하나님의 창고를 여는 그런 복된 자리로 방향을 돌려야 합니다.

그 복된 자리로 방향을 돌리려면 철저하게 깨지고 부서져야 합니다. 우리가 과거에 대한 미련이나 과거에 내가 했던 것을 어떻게든지 합리화하고, 정당화하면 그 기도는 희망이 없습니다.

창조적 기도의 첫 출발은 지금까지 가지고 있던 내 습관을 깨뜨리는 것입니다. 내가 지금까지 행하던 나의 기도의 패턴을 완전히 깨뜨리는 것입니다. 생활하다가, 기도하다가 뭔가 하나님과 나 사이에 걸림이 있을 때는 과감히 내버려야 합니다. 지금까지 묶여 있던 나의 환경을 완전히 엎어버리고 내 앞에 새로 열려지는 그 자리를 찾아가야 합니다.

기도의 자리에 앉을 때, 고라와 다단을 새로운 방법으로 죽여야만 하나님을 알게 된다고 간구한 모세의 창조적 기도를 꼭 기억하십시오.

"하나님 지금까지 내가 기도했던 이 기도를 깨뜨려 주십시오. 새로운 방법으로 기도할 수 있도록 나를 깨뜨려 주십시오."

내가 완전히 깨뜨려졌을 때 그때부터 나는 과거에 했던 기도의 자리로 안 갑니다.

둘째 아들이 한걸음 한걸음 아버지 집으로 가까이 갑니다. 한걸음에 간 것이 아닙니다. 창조적 기도가 그렇게 쉽게 되는 것이 아니라는 것입니다.

우리가 회개하고 과거의 습관을 모두 버리고 돌아섰을 때 아버지가 뭐라고 합니까?

종을 불러서 아들이 지금 입고 있는 옷을 벗기고 목욕을 시키라고 합니다. 그에게 반지를 끼우고, 발을 깨끗이 씻겼으니 새 신발을 신기고 그에게 새로운 옷을 입히라고 합니다.

이것이 바로 하나님의 기도의 세계입니다. 우리 앞에 펼쳐진 하나님의 기도의 세계에서는 전에 입던 옷을 버리고 새 옷을 입어야 합니다. 그러기 위해서 먼저 몸을 깨끗이 씻어야 합니다. 새 옷은 씻기 전에는 아버지가 주지 않습니다.

기도의 자리에 들어갈 때 내가 지금까지 가지고 있는 내 육적인 생각, 내 육적인 방법, 내 마음의 계산, 내 마음의 잣대, 내 마음의 설계, 내 마음의 어떤 방법들을 가지고 있는 한 하나님의 방법은 절대 내게 안 옵니다. 물론 어린 아이의 기도는 뭐든지 다 들어줍니다. 그러나 그것은 어린 아이일 때뿐입니다.

씻은 후에야 그에게 옷이 옵니다. 그에게 반지가 끼워집니다. 새로운 신발이 주어집니다. 그것이 밖에 대기를 하고 있을지라도 내가 먼저 목욕탕에 들어가서 때를 씻는 것이 가장 우선입니다. 씻고 난 다음에 하나님께서 주시는 그것들 그대로 받으면 됩니다.

죽음에서 일어나라

둘째 아들이 지금까지 한 인생의 기도는 세상을 향한 기도였습니다. 하지만 그가 세상과 한판 승부에서 깨졌을 때 그는 아버지를 찾았습니다.

해질 때만 되면 동구 밖에서 아들이 오기만을 기다리는 것이 생활의 한 부분이 된 아버지가 아들의 그림자를 언뜻 봅니다. 아버지가 본 아들의 그림자는 거지 그림자입니다. 틀림없이 거지가 돼서 돌아올 것이라고 알았기 때문에 금방 알아보고 아버지가 쫓아가서 아들을 끌어안습니다.

창조적 기도가 하나님을 뛰어오게 만듭니다. 거지 아들이 왔다는 것이 문제가 아니고 내가 이 아들에게 새로운 생명을 줄 수 있는 기회가 왔다는 것입니다. 하나님께서는 아들의 생명을 되찾았기 때문에 기뻐하는 것입니다.

우리는 그걸 미처 깨닫지 못합니다. 내가 필요해서 왔지만 "목욕탕 물을 끓여라, 타올을 준비해라, 그 다음 가장 좋은 옷을 찾아라, 반지를 빨리 준비하라, 신발도 좋은 신발 준비하라."고 탕 밖에서 부산을 떠는 아버지와 같은 하나님의 마음을 우리가 잘 알지 못합니다.

그리고 하인에게 살진 짐승을 잡고 좋은 포도주를 준비해서 우리가 잔치를 하자고 합니다. 창조적 기도에 한 사람이 들어올 때 하늘이 그렇게 잔치를 벌입니다. 여러분의 기도가 얼마나 가치 있고 얼마만큼 위대한지 잘 알아야 합니다.

우리는 기도의 자리에 앉을 때마다 그냥 매일 기도하는 자리니까 하고 기도의 자리에 앉습니다. 그런데 하늘에 계시는 우리 아버지는 목욕탕 물 끓여놓고 살진 송아지와 값비싼 포도주를 준비하라고 하십니다.

창조적 기도의 자리가 하늘의 만찬 자리입니다. 그런데 하늘의 만찬 자리를 우리에게 베푸셨는데 우리가 땅에 앉아서 돼지 기도나 하고 있다면 얼마나 안타까운 일입니까?

"하나님, 나로 하여금 다시 쥐엄나무 열매 먹으러 가게 하옵소서." 이 기도에서 해방이 되어야 합니다. 이 기도에서 해방이 되는 길은 새로운 역사, 새로운 생명, 새로운 하나님의 길이 열리는 기회를 우리 것으로 잡는 것입니다.

하나님께서 나를 위해 펼쳐 놓은 그 신발을 놓쳐 버리면 옛날처럼 맨발로 돼지우리에서 돌아다니게 됩니다. 하나님께서 나를 위해 준비한 그 깨끗하고 좋은 옷을 놓쳐 버리면 몇 년이 되도록 한 번도 세탁 안 한 때 묻은 옷 입고 거지꼴하고 돌아다니게 됩니다.

하나님이 우리에게 끼워 주시는 반지가 무엇입니까? 반지에 왕의 문장이 찍혀 있지요. 그것은 왕의 상속자가 된다는 것입니다. 하나님께서 우리에게 주시는 모든 조건들을 우리가 기도의 자리에서 뭉개고 있을 수도 있고 다시 돼지우리로 돌아갈 수도 있고 다시 하나님의 자리로 갈 수도 있습니다.

이 세 가지의 기도가 우리 앞에 놓여 있는데도 매일 똑같이 앉아서, 똑같은 폼으로, 똑같은 마음으로, 똑같은 입으로, 똑같은 목소리로, 똑같이합니다. 그러고도 내가 기도했으니까 하나님 들어 주신다고 믿는 것은 진정으로 믿는 것이 아니라 모양만 흉내내고 있는 것입니다.

하나님의 응답을 받는 가장 빠른 길이 창조적인 기도입니다. 하나님이 진정 우리에게 주시고자 하는 것은 하나님의 생명입니다. 하나님의 생명을 우리의 기도에 넣는지 안 넣는지가 어떤것 보다 중요합니다.

그러면 하나님의 생명이 도대체 무엇입니까? 하나님의 생명은 바로 그분의 마음을 환히 들여다보는 것입니다. 하나님의 마음을 들여다보는 것입니다.

하나님이 우리에게 명하신 그분의 말씀을 묵상하는 것입니다. 예수님께서는 내가 먹을 음식이 따로 있다고 하시면서 그것은 아버지의 일을 이루는 것이라고 하셨습니다. 예수님은 내가 할 기도

가 있고, 내가 할 행동이 있는데 그것은 아버지께서 내게 하라고
한 그것을 하는 것이라고 하셨습니다.

주님께서 우리에게 한 말씀 한 말씀 하신 것을 그냥 지나가는 것
처럼 들을 때 그 귀한 다이아몬드를, 그 귀한 진주를, 그 귀한 보화
를 잃어버리는 것입니다.

기도의 자리는 하나님의 보화를 얻는 자리요, 기도의 자리는 하
늘의 만찬자리에 초청받은 것입니다. 거기에서 우리가 먹어야 할
음식은 우리 영혼들이 원하는 가장 좋은 음식입니다. 생명 유지에
가장 필요한 음식을 마음껏 가질 수가 있습니다. 우리에게 베푸신
그분의 은총입니다. 그냥 보통 기도를 할 수도 있습니다. 그러나
영적 지도자들이 해야 할 기도는 분명히 따로 있습니다.

내가 스스로 하다가 안 되니까 기도의 자리에 가는 게 아닙니
까? 하다가 안 되니까 기도의 자리에 가서 “하나님, 해 주십시오.”
합니다. 그랬으면 하나님께 완전히 맡기라는 겁니다. 네가 뭘 해가
지고 될 일이 아니라면 나는 하나님께 맡깁니다. 맡겼으면 그분이
내게 무엇이든 하라고 하는 대로 하면 됩니다.

창조적 기도는 하나님의 일과 나의 일이 동시에 이루어지는 것
입니다. 하나님은 내 일 하시고 나는 하나님의 일을 하면 됩니다.

모세의 기도를 보십시오. 모세가 하나님의 공의로우심과, 하나
님의 의로우심과, 하나님의 위엄을 나타내 달라고 하나님을 향하
여 기도할 때 하나님은 땅을 지진으로 갈라버리고 고라와 다단을
한 순간에 그 지옥불 속에, 용암 속에 빠져 버리게 합니다.

우리의 대적자들을 하나님은 그렇게 제거하시고 우리의 도울 자들을 바람처럼 불러옵니다. 어디서 어떻게 왔는지 모릅니다. 하나님께서 우리에게 도울 자를 어떤 형태로든 보내주시는데 바람처럼 어느 순간에 어떻게 나타났는지 모릅니다. 제거하는 것과 도와주시는 것이 한꺼번에 이루시는 하늘의 신비함이 펼쳐지는 그곳이 바로 기도의 자리입니다. 창조적 기도입니다. 창조적 기도라는 것은 하나님의 생명이 순간순간마다 새롭게 되는 그런 곳입니다. 어제 내가 하나님을 10% 믿는 믿음으로 했다면 오늘은 20% 믿음으로 내일은 30%, 그 다음은 50%, 그 다음은 70%, 그 다음은 90%, 그 다음은 100% 자꾸 기도의 단계가, 기도의 시간이, 기도의 횟수가 쌓이면 쌓일수록 더 가까이 가게됩니다.

가까이 간 결과는 돌아온 탕자가 말합니다. 집에 갔더니 아버지가 껴안고 입을 맞추고 깨끗하게 씻어주고 아버지가 줄 수 있는 모든 새로운 것을 다 주었습니다.

그것만이 아니고 죽었던 아들이 살아왔다고 우리의 죽었던 기도가 생명의 기도로 왔다고 송아지 잡으라고 합니다. 우리가 기도하는 그 자리는 송아지 잡고 하늘의 멋진 포도주를 준비해 놓은, 기도의 자리가 잔치 자리가 되는 것입니다.

창조적 기도가 얼마만큼 위대한 파워를 가지고 있는지 한번 체험하시기 바랍니다. 한번 멋진 체험을 해 보십시오.